Conviértete en un maestro del TELETRABAJO

Consejos y Estrategias

José Ignacio Méndez

Conviértete en un maestro del

TELETRABAJO

CONSEJOS Y ESTRATEGIAS

José Ignacio Méndez

Tabla de contenido

PRÓLOGO: El Arte de No Morir en el Intento

(y con el Pijama Puesto)

Toma asiento. De verdad, busca una silla cómoda, de esas que no te destrocen las lumbares después de diez minutos, y si tienes un café a mano, mejor que mejor. Imagina que estamos tú y yo, en una de esas cafeterías donde el ruido de fondo es lo suficientemente bajo como para arreglar el mundo, pero lo suficientemente real como para no sentirnos en una burbuja.

Déjame adivinar por qué tienes este libro en tus manos. Posiblemente, hace un tiempo, alguien te dijo —o tú mismo te convenciste— de que el teletrabajo era la Tierra Prometida. El "sueño americano" versión 2.0. Trabajar desde el sofá, sin atascos, sin ese jefe que parece tener un detector de felicidad para interrumpirte justo cuando mejor vas, y, por supuesto, con la libertad de gestionar tu tiempo a tu antojo.

Suena idílico, ¿verdad? Es la narrativa que nos vendieron durante años en artículos de revistas de negocios y en publicaciones de gurús que parecen vivir permanentemente en una playa de Bali con un coco en la mano. Pero aquí estamos, unos meses o años después de haber iniciado tu propia travesía, y la realidad ha resultado ser un poco más… "salvaje".

La libertad se convirtió en una oficina que nunca cierra. El sofá, ese lugar sagrado de descanso donde antes desconectabas del mundo, ahora está manchado por el estrés de los correos de las ocho de la tarde que "solo tardarás cinco minutos en responder". Y tu capacidad de concentración… bueno, digamos que el algoritmo de las redes sociales, el zumbido de la lavadora y la montaña de platos sucios que te mira desde la esquina de la cocina tienen un poder de seducción que ni en tus peores pesadillas habrías imaginado.

No te sientas mal. No eres tú, es tu cerebro intentando sobrevivir en un entorno para el que no fue diseñado biológicamente. Y yo estoy aquí, no como un psicólogo de bata blanca que te va a recetar teorías abstractas —porque, seamos claros, no lo soy y me enorgullezco de hablar el idioma de la calle y de la experiencia real—, sino como alguien que lleva en esto del desarrollo personal desde 1993. He tropezado con todas las piedras del camino y he aprendido a saltarlas, o al menos a no romperse la crisma en el intento.

He escrito 25 libros antes que este y he acompañado a cientos de personas en sus procesos de cambio como profesional del coaching. He visto el brillo de la esperanza y la sombra del agotamiento más profundo. Y si algo he aprendido es que el teletrabajo no es una cuestión de tener una buena conexión a internet o la última versión de un software de gestión de tareas. El teletrabajo es, por encima de todo, una cuestión de **maestría personal**.

La trampa de la "Libertad Desenfrenada"

Séneca, ese sabio estoico que ya sabía de qué iba la vida mucho antes de que inventáramos el Wi-Fi o los archivos en la nube, decía algo que me encanta y que deberías tatuarte en la mente: *"No hay viento favorable para el que no sabe a qué puerto se dirige"*.

En el teletrabajo, el "puerto" es tu bienestar, tu productividad y tu paz mental. Pero el viento… el viento son las notificaciones constantes de Slack, el gato pidiendo comida, el repartidor que llama a tu puerta justo cuando estás en medio de un pensamiento profundo y ese pensamiento recurrente de *"¿y si me hago un sándwich ahora mismo aunque no tenga hambre?"*.

La mayoría de la gente piensa que el teletrabajo es simplemente "trabajar desde casa". Error de principiante. El teletrabajo es, en realidad, **aprender a gobernarte a ti mismo cuando nadie te está mirando**. Y resulta que, cuando nos dejan solos, solemos ser los jefes más tiranos y, a la vez, los más perezosos y autocomplacientes que podríamos tener. Somos capaces de exigirnos trabajar hasta las once de la noche por pura culpa de no haber hecho nada productivo a las once de la mañana, y a la vez somos expertos en encontrar cualquier excusa para posponer lo importante.

Nos metieron en casa sin manual de instrucciones. Nos dieron un portátil y nos dijeron: "Sé libre". Pero la libertad sin estructura no es libertad, es el caos más absoluto. Es como darle un coche de gran cilindrada a alguien que no sabe ni montar en bicicleta; lo más probable es que acabe empotrado contra la primera pared que encuentre. En el mundo del teletrabajo, esa pared tiene nombres muy feos: *burnout*, procrastinación crónica, aislamiento social y una sensación constante de estar trabajando todo el día pero no avanzar en nada.

El Cerebro en el Salón: Una Lucha de Titanes

Para entender por qué te cuesta tanto concentrarte cuando estás a tres metros de tu cama, tenemos que hablar de cómo funcionamos por dentro, pero sin usar términos que te den ganas de cerrar el libro. Imagina que en tu cabeza conviven dos personajes que se llevan fatal: un Ejecutivo de Élite (tu corteza prefrontal, la parte racional) y un Mono con Platillos (tu sistema límbico, la parte instintiva que busca placer inmediato).

El Ejecutivo es el que ha comprado este libro. Quiere objetivos claros, quiere éxito, quiere esa sensación de "misión cumplida" al final del día para poder disfrutar de su familia y sus aficiones. Pero el Mono… ¡ah, el Mono! El Mono solo quiere dopamina barata y rápida. Y tu casa es un parque de atracciones diseñado específicamente para el Mono. La nevera está llena de dopamina en forma de embutido o chocolate; la televisión tiene dopamina en forma de series infinitas; y ese aparatito que llevas en el bolsillo es, básicamente, una jeringuilla de dopamina directa al nervio óptico cada vez que haces *scroll*.

Cuando trabajabas en una oficina tradicional, el entorno "ayudaba" al Ejecutivo. Había reglas sociales implícitas, la mirada física del jefe o de los compañeros, un horario que marcaba el inicio y el fin de la jornada. Había un cambio de escenario: de casa al trabajo. Ese trayecto, por muy pesado que fuera el tráfico, servía para que tu cerebro hiciera un "reset" y se pusiera el traje de faena.

Pero en casa, el Ejecutivo está solo ante el peligro. Las fronteras físicas han desaparecido. El lugar donde duermes es el mismo donde respondes correos de clientes enfadados. El lugar donde comes es el mismo donde intentas diseñar una estrategia de ventas. Tu cerebro está confundido. No sabe si tiene que cazar mamuts o echarse la siesta. Por eso, este libro no va de "consejos para usar videollamadas". Va de cómo darle herramientas al Ejecutivo para que el Mono se quede tranquilo en su rincón, o al menos, para que aprenda a jugar cuando tú decidas, no cuando a él le dé la gana.

Estoicismo en Pijama: La Virtud del Límite

A veces me río solo imaginando qué diría un emperador romano como Marco Aurelio si tuviera que gestionar un equipo por Microsoft Teams mientras su hijo intenta usar su teclado como si fuera un piano de cola. Probablemente escribiría en sus *Meditaciones*: *"Acepta con serenidad las cosas que no puedes cambiar (como que el Wi-Fi se caiga en la reunión más importante del trimestre) y ten el coraje de cambiar las que sí puedes (como dejar de mirar Instagram cada cinco minutos por puro aburrimiento)"*.

El estoicismo es la columna vertebral de mi filosofía de vida y, por tanto, impregna cada página de lo que vas a leer aquí. No se trata de ser un tipo frío y sin emociones que no siente el estrés, sino de ser un tipo inteligente que sabe dónde poner su energía para no malgastarla.

En el teletrabajo, tu energía es tu recurso más escaso y valioso, mucho más que el dinero o el tiempo. Si la desperdicias enfadándote porque el vecino ha decidido hacer obras justo hoy, o en culparte porque te has pasado la mañana "haciendo que trabajas" mientras mirabas el techo o la pelusa que corre por el pasillo, ya has perdido la batalla antes de empezar.

A lo largo de este manual, vamos a aplicar leyes universales como la de **Pareto** (el famoso 80/20) para que aprendas, de una vez por todas, que el 80% de tus resultados reales provienen de apenas el 20% de tus acciones. Y te adelanto una verdad incómoda: revisar la bandeja de entrada cincuenta veces al día, responder mensajes instantáneos que no aportan nada y asistir a reuniones que podrían haber sido un correo electrónico no están en ese 20%. Están en el 80% de basura que te mantiene ocupado pero te impide ser productivo.

¿Por qué Coaching? Porque no necesitas más información, necesitas transformación

Si la información fuera suficiente para cambiar las vidas, todos tendríamos cuerpos de atleta, cuentas bancarias con siete ceros y una paz mental de monje zen. La información nos desborda. Solo tienes que teclear "cómo ser productivo en casa" en Google para obtener millones de resultados. Lo que falta no es el "qué", sino el **hacer** y el **cómo** integrarlo en tu realidad específica. Y ahí es donde entro yo con mis años de experiencia en las trincheras del coaching.

El coaching no es darte una palmadita condescendiente en la espalda y decirte que "tú puedes con todo si lo deseas con fuerza". Eso es pensamiento mágico y, francamente, me parece un insulto a tu inteligencia. Yo el humo lo prefiero para el incienso. El coaching, tal como yo lo entiendo y lo práctico, es el arte de hacerte las preguntas que te incomodan pero que necesitas responder. Es ponerte un espejo delante para que veas, sin filtros, que ese "no tengo tiempo" suele esconder un "no tengo claras mis prioridades" o un "tengo miedo de enfrentarme a la tarea difícil".

Mi labor aquí es acompañarte a diseñar un sistema que funcione para TI. No para un trabajador hipotético en una oficina de Silicon Valley, sino para ti, con tus problemas reales, tu familia, tus ruidos, tus miedos y tus tentaciones. No te voy a pedir que te levantes a las cuatro de la mañana a meditar bajo una cascada de agua helada si eres de los que odia el frío y prefiere dormir. No soy ese tipo de gurú de Instagram. Lo que voy a hacer es enseñarte a conocer tu propia brújula interna, a identificar tus horas de máxima potencia cerebral y a blindar tu espacio de trabajo como si fuera una caja fuerte de alta seguridad.

Lo que vas a encontrar en este viaje: El mapa de la Maestría

Este libro no es una novela para leer de un tirón un domingo por la tarde y luego dejar que acumule polvo en la estantería. Es un manual de campo. Un mapa de guerra para conquistar tu libertad. He estructurado el contenido para que sea una progresión lógica, un entrenamiento que te llevará de la confusión a la maestría.

1. Autoconocimiento y Autogestión: El Cimiento de todo

Vamos a empezar mirando hacia dentro, aunque te dé un poco de pereza. Si no sabes si eres un animal diurno o nocturno, o si tus mayores fortalezas residen en la ejecución meticulosa o en la visión creativa, estás disparando a ciegas. Identificaremos tus "fugas de energía" (esas grietas por las que se escapa tu vitalidad sin que te des cuenta) y diseñaremos tu brújula personal. Sin cimientos sólidos, cualquier técnica de gestión del tiempo es como poner cortinas bonitas en una casa que se está hundiendo.

2. Gestión del Tiempo y la Productividad Real: Precisión Quirúrgica

Aquí vamos a ser quirúrgicos. Olvídate de las listas de tareas interminables que lo único que consiguen es frustrarte al final del día cuando ves que solo has tachado dos cosas. Aprenderás técnicas de optimización que utilizan las personas que de verdad consiguen resultados extraordinarios. Hablaremos de los enemigos de la productividad, que suelen vivir en tu bolsillo —sí, vuelvo a hablar del teléfono móvil y su capacidad para robarte la vida— y de cómo establecer metas que no sean meros deseos, sino realidades en construcción.

3. El Equilibrio: El Santo Grial del Siglo XXI

¿Existe de verdad el equilibrio entre la vida laboral y la personal cuando ambas ocurren bajo el mismo techo? Yo creo que sí, pero no es una balanza estática que se queda quieta. Es un baile constante. Te enseñaré a poner límites que sean respetados, tanto por los demás como por ti mismo. Aprenderás a "cerrar la oficina" mentalmente, a desarrollar una rutina saludable que incluya tiempo para cuidar tu cuerpo —yo mismo entreno cada mañana con pesas porque entiendo que la disciplina física es el espejo de la disciplina mental— y a evitar ese *burnout* que llega cuando olvidas que eres un ser humano y no una máquina de procesar datos.

4. *Comunicación Eficaz: El Vínculo a través del Cristal*

Escribir un correo electrónico no es necesariamente comunicarse. Estar en una videollamada de una hora no significa estar conectado con tu equipo. En el teletrabajo, la falta de contacto físico puede generar malentendidos y una soledad profunda. Aprenderás a ser claro, conciso y, sobre todo, humano a través de una pantalla. Veremos cómo liderar y ser liderado sin perder la esencia de lo que somos.

5. *Organización y Gestión de Proyectos: El Método sobre la Herramienta*

Herramientas de software hay miles, y mañana saldrán diez más. Pero el método es lo que perdura. Veremos cómo no morir sepultado por una avalancha de archivos digitales y cómo gestionar proyectos complejos sin sentir que estás en una isla desierta gritando al vacío.

6. *Mentalidad (Mindset): El Combustible del Maestro*

Aquí es donde bajaremos al barro. Hablaremos de la automotivación, de qué hacer cuando la "chispa" inicial se apaga y te quedas solo con la disciplina cruda. Hablaremos de resiliencia, de cómo levantarse después de un mal día y de cómo gestionar el estrés que genera la incertidumbre. Porque habrá días malos, lector, y en esos días es cuando más vas a necesitar los principios que vamos a tratar aquí.

Una advertencia necesaria (con una dosis de ironía)

Si has comprado este libro buscando una fórmula mágica que te diga que el teletrabajo es un camino de rosas y que vas a ser inmensamente feliz simplemente por no tener que usar corbata o tacones, te sugiero que lo regales. En serio. Ahorraremos tiempo los dos.

Aquí te voy a decir cosas que quizá no quieras oír. Te voy a decir que trabajar en casa puede convertirse en la cárcel más eficiente del mundo si no tienes las llaves para salir. Te voy a decir que la soledad a veces muerde y que el sedentarismo es el nuevo tabaco de nuestra generación. Pero también te voy a dar las herramientas, las llaves y el mapa para que, a pesar de todo eso, seas el maldito amo de tu destino profesional y personal.

Este libro no tiene como objetivo convertirte en un robot de la productividad que factura dieciocho horas al día. Mi objetivo es convertirte en un **maestro**. Alguien que domina la técnica, pero que también sabe cuándo soltar el pincel. Alguien que es productivo no para trabajar más, sino para vivir mejor. Porque, al final del día, el teletrabajo debería ser una herramienta para que tengas más vida, para que puedas ver crecer a tus hijos, para que puedas cuidar tu salud y para que tengas tiempo de pensar en quién quieres ser, no solo en qué quieres hacer.

El Pacto de Caballeros (y Damas)

Antes de que pasemos a la Introducción y nos metamos de lleno en la materia, quiero que hagamos un trato. Un pacto entre tú y yo.

No leas este libro como si fueras un espectador sentado en la última fila de un teatro, mirando cómo otros actúan. Léelo como el protagonista absoluto de tu propia vida. Si te pido que te detengas y hagas un ejercicio, hazlo. No te saltes las partes que te resulten incómodas, porque suele ser ahí donde reside tu mayor potencial de crecimiento. Si te propongo un cambio en tu rutina, pruébalo al menos durante una semana antes de juzgarlo.

El conocimiento sin aplicación es simplemente entretenimiento caro, y yo no he dedicado meses a escribir esto para entretenerte (aunque espero que nos echemos unas risas con mis ironías). He escrito esto para que transformes radicalmente tu forma de trabajar y de vivir.

Sé que el camino no es fácil. He pasado por momentos en los que la disciplina era lo único que me mantenía en pie después de contratiempos físicos y profesionales importantes. Sé lo que es tener que rehabilitarse, física y mentalmente. Por eso te hablo desde la empatía de quien sabe que la vida a veces nos pone placas y tornillos, pero que la voluntad es algo que ninguna cirugía puede tocar.

¿Estás listo para dejar de "sobrevivir" al teletrabajo y empezar a dominarlo? ¿Estás listo para que tu casa vuelva a ser tu hogar, un refugio de paz, y que tu trabajo sea una fuente de satisfacción legítima y no un pozo de ansiedad sin fondo?

Entonces, ajusta tu silla, asegúrate de que no te van a interrumpir en los próximos minutos, dale el último sorbo al café y acompáñame. La transformación empieza justo en la página siguiente.

Nos vemos en la Introducción, donde vamos a analizar cómo este aparente "caos" del mundo laboral moderno es, en realidad, la mayor oportunidad que se te ha presentado nunca para tomar las riendas de tu existencia.

Vamos a por ello.

INTRODUCCIÓN:

El espejismo de la oficina en el salón

Venga, vamos a entrar en materia. Si el Prólogo era ese café de bienvenida, la Introducción es el momento en el que abrimos el mapa y nos damos cuenta de que el terreno ha cambiado por completo bajo nuestros pies. No sé si te has parado a pensarlo con frialdad, pero lo que hemos vivido en los últimos años no ha sido una "evolución" del trabajo, ha sido una demolición controlada —o no tan controlada— de todo lo que dábamos por sentado.

Hubo un tiempo, que ahora parece la prehistoria, en el que el trabajo era un lugar. Un sitio físico al que ibas, donde pasabas ocho horas (o diez, o doce, según lo motivado o explotado que estuvieras) y del que salías para volver a tu "vida real". Había una frontera física: una puerta, un trayecto en metro, un atasco en la M-30. Ese trayecto, aunque lo odiáramos, cumplía una función psicológica vital: era el rito de paso. Tu cerebro sabía que, al cruzar ese umbral, cambiabas de rol.

Y de repente, ¡pum! El mundo se para y nos mandan a todos a casa. Lo que era un privilegio para unos pocos "frikis" de la tecnología se convirtió en la norma para millones. Pero cuidado, porque nos vendieron que esto era el futuro y, en realidad, a muchos les ha parecido más un episodio de una serie distópica.

El auge del teletrabajo: De la necesidad a la (falsa) comodidad

Seamos claros: el teletrabajo no nació por nuestra necesidad de conciliación, nació por una necesidad de supervivencia empresarial. Y como todo lo que se hace a prisa y corriendo, se hizo regular. Pasamos de la oficina con aire acondicionado y sillas ergonómicas (bueno, algunas) a la mesa del comedor, compartiendo espacio con los deberes de los niños, la compra del súper y el ruido del vecino que ha decidido que las once de la mañana es la hora perfecta para aprender a tocar la batería.

El impacto en el mundo laboral ha sido sísmico. Las empresas se dieron cuenta de que no necesitaban pagar alquileres astronómicos en el centro de la ciudad. Y nosotros nos dimos cuenta de que podíamos trabajar en pijama. El problema es que el pijama es una trampa mortal para la disciplina.

Trabajar desde casa ha difuminado la línea entre el "yo profesional" y el "yo personal". Ahora no vas al trabajo; el trabajo vive contigo. Duerme en la habitación de al lado. Desayuna contigo en la cocina. Es ese invitado pesado que nunca se va de casa y que siempre tiene algo que decirte a través de una notificación en el móvil.

Las dos caras de la moneda: No todo es oro, ni todo es barro

Para ser un buen profesional del coaching, uno tiene que ser, ante todo, honesto. Y la honestidad nos obliga a mirar los beneficios y los desafíos del teletrabajo sin filtros de Instagram. Vamos a desglosarlos, porque si no sabes a qué te enfrentas, no puedes vencerlo.

El lado brillante (Los Beneficios):

- **Adiós a los tiempos muertos:** Se acabó el perder dos horas de tu vida cada día en un transporte público atestado o en un atasco interminable. Ese tiempo es oro puro. Son diez horas a la semana. Cuarenta horas al mes. Una semana laboral completa al año que has recuperado. ¿Qué estás haciendo con ella? Si la estás usando para dormir más o para mirar el techo, tenemos un problema.

- **Autonomía (teórica):** Tienes la capacidad de organizar tu jornada. Si eres una persona productiva por la noche, podrías, en teoría, ajustar tu ritmo. Tienes el control sobre tu entorno... o eso crees.

- **Ahorro de costes:** Menos gasolina, menos cafés de máquina que saben a rayos, menos menús del día de dudosa procedencia. Tu bolsillo lo nota.

- **Flexibilidad geográfica:** Puedes trabajar desde un pueblo perdido en los Picos de Europa o desde un piso en Madrid. La ubicación ha dejado de ser una cadena.

- **El aislamiento social:** El ser humano es un animal social. Necesitamos el contacto, el café con el compañero, incluso las quejas compartidas en el pasillo. El teletrabajo nos ha convertido en ermitaños digitales. La pantalla es un filtro muy frío que no deja pasar la empatía ni el lenguaje no verbal.

- **La jornada infinita:** Como no hay una hora de salida física, muchos terminan trabajando más que antes. "Ya que estoy aquí, voy a terminar esto". Y ese "esto" se encadena con otro "aquello" hasta que te dan las diez de la noche y no te has quitado el chándal.

- **La distracción omnipresente:** En una oficina, si te pones a mirar vídeos de gatitos, alguien te ve. En casa, el único que te juzga es tu perro, y a él le parece bien todo lo que hagas. La fuerza de voluntad necesaria para no procrastinar en casa es diez veces superior a la necesaria en una oficina.

- **El sedentarismo extremo:** Tu desplazamiento máximo diario ha pasado a ser de la cama a la silla, y de la silla al frigorífico. Si no tienes cuidado, tu cuerpo empezará a protestar. Y recuerda lo que siempre digo: mente sana en cuerpo entrenado. Si no mueves el esqueleto, tu cerebro se oxida.

El impacto psicológico: La fatiga del cristal

No soy psicólogo, ya lo sabes, pero llevo décadas observando el comportamiento humano y te aseguro que el teletrabajo está pasando una factura emocional que todavía no hemos terminado de calcular. Existe algo llamado "fatiga de Zoom". Mantener la atención en una cuadrícula de caras pixeladas requiere un esfuerzo cognitivo mucho mayor que una reunión presencial. Tu cerebro tiene que trabajar el doble para interpretar las señales que en vivo captamos de forma instintiva.

Además, está el sentimiento de culpabilidad. El teletrabajador suele sentir que tiene que demostrar constantemente que está trabajando. Responde a los mensajes al segundo, está disponible a deshoras... todo para evitar que alguien piense que está "viviendo la vida loca" en el sofá. Esa hipervigilancia autoinfligida es la receta perfecta para el estrés crónico.

El Coaching: Tu tabla de salvación en este océano digital

Aquí es donde entra el coaching de verdad. ¿Por qué necesitas un coach para teletrabajar? Porque el teletrabajo no es una habilidad técnica, es una **habilidad existencial**. No necesitas que te enseñen a usar Trello; necesitas que te enseñen a decir "no" a una interrupción, a gestionar tu energía cuando estás agotado y a mantener el foco cuando el mundo parece desmoronarse.

El coaching te ofrece las herramientas para construir esa estructura que la empresa ya no te da. En la oficina, la estructura era el edificio, el horario y el jefe. En casa, **la estructura eres tú**. Y si tú no tienes unos cimientos sólidos, la casa se cae.

A través de la metodología que vamos a ver en este libro, vamos a trabajar tres pilares fundamentales:

1. **La Autodisciplina Consciente:** No la disciplina del látigo y el castigo, sino la de entender qué quieres conseguir y por qué vale la pena el esfuerzo. Es la disciplina del estoico: controlar lo que depende de ti y dejar de sufrir por lo que no.

2. **La Gestión del Entorno:** Aprenderás que tu casa no es un bloque monolítico. Tienes que crear fronteras psicológicas. Si trabajas donde cenas, cenarás pensando en el trabajo. Es así de simple y así de cruel.

3. **La Mentalidad de Alto Rendimiento:** El alto rendimiento no es hacer más cosas, es hacer las cosas correctas con la máxima calidad y el mínimo desgaste. Es optimizar tu cerebro para que funcione a tu favor y no en tu contra.

La falacia de la multitarea

Aprovecho para soltarte una de mis verdades incómodas favoritas: la multitarea es un mito. Es una mentira que nos contamos para sentirnos importantes mientras hacemos tres cosas mal al mismo tiempo. Poner una lavadora mientras redactas un informe y atiendes una llamada no es eficiencia, es sabotaje.

Tu cerebro necesita profundidad. Necesita lo que los expertos llaman "trabajo profundo" (*Deep Work*). El teletrabajo debería ser el escenario ideal para esto, pero lo hemos convertido en un bombardeo de interrupciones domésticas y digitales. En esta introducción quiero que te comprometas a desterrar la idea de que puedes hacerlo todo a la vez. No puedes. Y si lo intentas, el precio que pagarás será tu salud mental y la calidad de tus resultados.

El camino que tenemos por delante

Este libro está diseñado como un proceso de coaching real. No vamos a saltar de un consejo a otro de forma caótica. Vamos a seguir una secuencia lógica que empieza en ti y termina en tu entorno y tus proyectos.

- Primero, vamos a bucear en tu **Autoconocimiento**. Si no sabes quién eres cuando nadie te mira, no puedes liderarte. Identificaremos tus cronotipos (si eres alondra o búho), tus valores y tus trampas mentales.
- Segundo, atacaremos la **Productividad**. Pero no desde la teoría, sino desde la trinchera. Técnicas que funcionan, bloqueos de tiempo, gestión de la energía y el arte de terminar lo que empiezas.

- Tercero, estableceremos los **Límites**. Aprenderás a blindar tu tiempo personal como si fuera un tesoro (porque lo es) y a comunicarlo a tu entorno sin sentirte un ogro.

- Y finalmente, veremos cómo mantener esto en el tiempo. Porque la motivación es el fuego que enciende la cerilla, pero la disciplina es el tronco que mantiene la hoguera encendida durante todo el invierno.

Una reflexión final antes de empezar la Parte 1

Mira, (y me dirijo a ti, lector, que ya somos casi amigos), el teletrabajo puede ser lo mejor que te ha pasado en la vida o la peor de tus pesadillas. La diferencia no está en tu empresa, ni en tu conexión a internet, ni siquiera en el tamaño de tu casa. La diferencia está en tu capacidad para convertirte en el **Maestro** de tu propio destino.

Estamos en una era donde la libertad profesional es posible, pero esa libertad exige un precio: la responsabilidad total. Ya no puedes culpar al tráfico de llegar tarde a tu propia vida. Ya no puedes culpar al ruido de la oficina de tu falta de concentración. Ahora el espejo está frente a ti.

¿Asusta? Un poco. ¿Es emocionante? Mucho. Porque si aprendes a dominar las reglas del juego que te voy a explicar, no solo serás un mejor profesional, serás una persona más libre, más dueña de su tiempo y, por extensión, más feliz. Y créeme, después de tantos años de coaching, sé que la felicidad no es un destino, es la consecuencia de vivir con coherencia y maestría.

Así que, deja de mirar las notificaciones, pon el móvil en modo avión (o tíralo por la ventana, lo que prefieras) y prepárate. Vamos a empezar a construir los cimientos de tu nueva vida profesional.

¿Estás preparado para mirar dentro de ti y descubrir de qué madera estás hecho? Pues no perdamos más tiempo. El primer capítulo nos espera, y ahí es donde empieza la verdadera magia del autoconocimiento.

Venga, ¡al lío!

PARTE 1: AUTOCONOCIMIENTO Y AUTOGESTIÓN

CAPÍTULO 1: Conociendo tu Estilo de Trabajo Ideal

Bienvenido al primer campo de batalla. Y digo batalla porque, aunque estés en el salón de tu casa con tus calcetines de la suerte puestos, lo que vamos a hacer aquí es un ejercicio de honestidad brutal que suele escocer un poco.

Sócrates, ese griego que sabía más por lo que callaba que por lo que decía, dejó para la posteridad una frase que es el pilar de todo lo que vamos a construir: *"Conócete a ti mismo"*. En la oficina tradicional, no necesitabas conocerte demasiado; el sistema ya te conocía por ti. Tenías una mesa, un horario, un jefe que te marcaba el ritmo y unos compañeros que, por presión social, te hacían mantener las formas. Eras un engranaje en una máquina diseñada por otros.

Pero ahora, amigo mío, tú eres la máquina, el operario, el ingeniero y el dueño de la fábrica. Y si no sabes cómo funciona el motor, lo más probable es que acabes gripándolo en la primera semana.

Teletrabajar no es solo "hacer lo mismo pero desde casa". Es una reconfiguración total de tu identidad profesional. Por eso, antes de hablar de aplicaciones de gestión de tareas o de cómo organizar el calendario, tenemos que mirar el mapa de tu propia mente. Vamos a sacar la brújula y a calibrarla.

1. Tu brújula interna: identifica tus fortalezas y debilidades como teletrabajador

Imagina que el teletrabajo es un océano inmenso. Algunos se lanzan al agua y nadan como delfines, disfrutando de la libertad. Otros, sin embargo, se hunden como piedras a los cinco minutos porque no sabían que les faltaban las aletas de la autodisciplina.

Para identificar tu posición actual, vamos a realizar una auditoría de tus rasgos de personalidad aplicados al entorno remoto. Como te dije antes, no soy psicólogo, pero llevo décadas observando por qué unos consiguen lo que se proponen y otros se quedan por el camino. Y la clave suele estar en la **Consciencia (o Responsabilidad)**, uno de los grandes rasgos que definen nuestra forma de actuar.

La trampa de la autonomía

La autonomía es un arma de doble filo. Para algunos, es el oxígeno que necesitaban para brillar; para otros, es el vacío donde se pierde el sentido del deber. Hazte estas preguntas y sé dolorosamente sincero:

- ¿Eres capaz de empezar a trabajar sin que nadie te dé los "buenos días"?
- ¿Te distraes con el vuelo de una mosca o con el ruido del camión de la basura?
- ¿Sientes que si no tienes a alguien supervisando, tu nivel de exigencia baja?

Si has respondido "sí" a las dos últimas, no te flageles. Simplemente significa que tu "brújula" está desviada hacia la necesidad de estructura externa. Tu fortaleza quizá sea la ejecución bajo presión, pero tu debilidad es el arranque en frío.

Fortalezas típicas del "Maestro del Teletrabajo":

- **Capacidad de enfoque profundo:** La habilidad de sumergirse en una tarea compleja durante horas sin necesidad de validación externa. Es lo que los expertos llaman *Deep Work*.
- **Comunicación asíncrona:** Saber explicar las cosas por escrito de forma clara, sin necesidad de una reunión para cada detalle.

- **Resiliencia a la soledad:** No todo el mundo aguanta ocho horas sin hablar con un ser humano de carne y hueso. Si eres de los que disfruta de su propia compañía, tienes medio camino hecho.

Debilidades que actúan como "agujeros negros":

- **La procrastinación optimista:** "Bah, esto lo hago en diez minutos después de ver este vídeo de YouTube". ¿Te cuento algo?: no lo harás.
- **La incapacidad de desconexión:** Convertirte en un esclavo del correo electrónico a las once de la noche porque sientes que "debes" estar disponible ya que estás en casa.
- **El perfeccionismo paralizante:** Como no tienes el feedback inmediato del compañero de al lado, te quedas puliendo un informe infinitamente por miedo a que no sea suficiente.

El ejercicio del espejo: Coge un papel y divídelo en dos columnas. En una pon "Lo que me hace brillar cuando estoy solo" y en otra "Lo que me hace perder el tiempo cuando nadie me mira". Si en la segunda columna has puesto "la nevera", bienvenido al club de los humanos. Lo importante es que ahora lo sabes. Esa es tu brújula.

2. Ritmo y preferencias: define tu cronotipo y tus picos de energía

Aquí es donde entra la ciencia de verdad, pero explicada para que nos entendamos. Todos tenemos un reloj interno, un ritmo circadiano que dicta cuándo nuestro cerebro está para ganar el Premio Nobel y cuándo está para que no nos dejen ni manejar un abrelatas.

En la oficina, este ritmo se violaba sistemáticamente. Todo el mundo de 9:00 a 18:00, sin importar si eres una "alondra" (madrugador) o un "búho" (nocturno). El teletrabajo te da el regalo de sincronizar tu trabajo con tu biología. Pero, ¡ay!, la mayoría de la gente sigue usando el horario de la oficina en casa por inercia o por miedo.

¿Alondra, Búho o Colibrí?

- **Las Alondras:** Sois esos seres —a veces molestos para el resto— que a las siete de la mañana ya estáis con la energía al 100%. Vuestro pico de creatividad y enfoque es temprano. Si eres alondra, el peor error que puedes hacer es gastar tus primeras tres horas en responder correos irrelevantes. Esas horas son para las tareas más duras, las que requieren toda tu potencia de fuego mental.
- **Los Búhos:** Vuestro cerebro empieza a despertar de verdad a partir de las once de la mañana, y vuestro momento de gloria suele

ser al atardecer o incluso por la noche. Si intentas forzarte a ser productivo a las ocho, solo conseguirás frustración y errores.

- **Los Colibríes:** La gran mayoría de la población. Tenéis un ritmo intermedio. Un pico por la mañana, un bajón después de comer (el famoso "coma alimenticio") y una recuperación a media tarde.

La Ley de la Gestión de la Energía frente a la Gestión del Tiempo: Olvídate de gestionar el tiempo. El tiempo es el mismo para todos. Lo que tienes que gestionar es tu energía. Imagina que tu cerebro es un smartphone. Por la mañana (si has dormido bien), la batería está al 100%. Cada decisión que tomas, cada correo que escribes, cada vez que resistes la tentación de mirar Instagram, consume batería. Si gastas el 40% de tu batería en decidir qué desayunas o en leer noticias negativas, cuando te sientes a trabajar en lo importante, estarás en "modo ahorro".

Estrategia de Maestro: Identifica tu "Hora de Oro". Esa hora y media donde eres invencible. Protégela como si fuera un tesoro nacional. En esa hora no hay móvil, no hay Wi-Fi (si no es estrictamente necesario), no hay interrupciones. Es tu momento de máximo rendimiento.

3. El Espacio Adecuado: Cómo crear un búnker de productividad (y salud)

Vamos a hablar de tu "oficina". Y por favor, si estás trabajando desde la cama o desde el sofá con el portátil apoyado en las rodillas, para un segundo y escúchame bien: **estás matando tu productividad y tu columna vertebral.**

El cerebro funciona por asociaciones. Si trabajas en la cama, tu cerebro no sabe si tiene que segregar melatonina para dormir o cortisol para trabajar. Resultado: ni trabajas bien ni duermes bien. Estás en un limbo de cansancio crónico.

La Psicología del Entorno

Tu espacio de trabajo debe ser una señal clara para tu mente: *"Aquí se viene a producir"*. No hace falta que tengas un despacho de cincuenta metros cuadrados, pero sí un rincón sagrado.

Requisitos mínimos de tu "Santuario":

1. **Luz Natural:** La luz del sol regula tus ritmos circadianos y mejora el estado de ánimo. Si trabajas en una cueva, terminarás sintiéndote como un orco de Mordor.

2. **Orden Visual:** El caos en la mesa es caos en la mente. Si tienes papeles de hace tres años, tazas de café vacías y cables por todos lados, tu atención se fragmentará. La psicología ambiental es clara: un entorno despejado facilita el pensamiento lineal y profundo.

3. **Ergonomía (No es un capricho, es una inversión):** Una buena silla no es un gasto, es un seguro de vida. Si te duele la espalda, no puedes pensar. Punto. Y la pantalla debe estar a la altura de tus ojos. No quiero que acabes con la postura de una gárgola de Notre Dame.

4. **Límites Físicos:** Si puedes, usa una habitación con puerta. La puerta cerrada es el "modo no molestar" físico. Si no tienes habitación propia, usa elementos visuales: una alfombra, una planta, o incluso unos auriculares de cancelación de ruido. Esos auriculares son, en el teletrabajo, el equivalente a la puerta del despacho de un CEO.

El ancla mental

Te propongo un truco de coaching puro: crea un "ancla". Puede ser una vela con un olor específico, una lista de reproducción de música ambiental o una lámpara que solo enciendes cuando vas a trabajar intensamente. Cuando tu cerebro percibe ese estímulo, entra automáticamente en "modo trabajo". Es el condicionamiento clásico de Pavlov, pero aplicado para que ganes dinero y tiempo libre.

4. Estoicismo aplicado: El control de los internos en un entorno caótico

Epicteto, un esclavo que se convirtió en uno de los filósofos más influyentes de la historia (y que sabía un par de cosas sobre no tener control sobre su entorno físico), decía: *"La felicidad y la libertad comienzan con la clara comprensión de un principio: algunas cosas están bajo nuestro control y otras no"*.

En casa, hay muchas cosas que no controlas: que el vecino use el taladro, que se vaya la luz, que tus hijos decidan que tu reunión de equipo es el momento ideal para una guerra de almohadas. Si pones tu paz mental en que el entorno sea perfecto, vas a vivir amargado. El Maestro del Teletrabajo acepta el caos externo y se enfoca en el orden interno.

La Disciplina de la Percepción: No te enfades por la interrupción. Acéptala como parte del juego. Si pierdes diez minutos porque ha venido el técnico del gas, no te pases los siguientes veinte minutos quejándote de que "así no se puede trabajar". Has perdido diez minutos, no treinta. El estoicismo en el teletrabajo es la capacidad de volver al foco lo más rápido posible tras una distracción inevitable.

5. El peligro de la "soledad del corredor de fondo"

Uno de los grandes errores al definir tu estilo de trabajo es ignorar tu necesidad de interacción humana. Si eres una persona muy extrovertida, el teletrabajo al 100% puede ser una receta para la depresión si no compensas esa falta de contacto.

Define tus preferencias de interacción:

- ¿Necesitas una llamada corta por la mañana para sentirte parte del equipo?
- ¿Prefieres trabajar solo toda la semana y tener una reunión intensa el viernes?
- ¿Te vendría bien ir a un co-working una vez a la semana para ver caras nuevas?

Conocer esto es parte de tu brújula. No intentes ser un ermitaño si eres un animal social. El éxito no es solo ser productivo, es no volverse loco en el proceso.

Resumen de este primer paso hacia la maestría

Para dominar el teletrabajo, primero tienes que dominarte a ti mismo. No puedes gestionar una empresa de uno (tú) si no conoces los puntos débiles del director ejecutivo.

- **Identifica tus fortalezas y debilidades:** Sé el observador de tu propia conducta.
- **Ajusta tu horario a tu biología:** Deja de pelear contra tu naturaleza y empieza a usarla a tu favor.
- **Construye un entorno que te respete:** Tu espacio de trabajo es el reflejo de tu respeto por tu propia labor.
- **Mantén la calma estoica:** Controla lo que puedes (tu respuesta) y acepta lo que no (el ruido del mundo).

En el próximo capítulo, vamos a coger todo este autoconocimiento y lo vamos a convertir en un sistema de ejecución implacable. Vamos a hablar de la gestión del tiempo y la productividad, pero no de la forma teórica que has leído mil veces, sino con técnicas que realmente funcionan cuando estás solo ante el peligro.

¿Cómo vas?. Espero que ya estés mirando ese rincón de tu casa con otros ojos y que empieces a notar dónde están las fugas de energía. No sigas leyendo por inercia. Detente un momento. Mira tu espacio, piensa en tu última semana y pregúntate: *"¿He trabajado a favor de mi naturaleza o en contra de ella?"*.

La respuesta a esa pregunta es el comienzo de tu libertad.

Venga, respira hondo, estira la espalda (que te veo encorvado) y vamos a por el Capítulo 2. El tiempo vuela, pero nosotros vamos a aprender a pilotar el avión.

CAPÍTULO 2: Gestión del Tiempo y la Productividad

Si has llegado hasta aquí, ya tienes una idea clara de quién eres cuando te sientas frente a la pantalla y cómo tu entorno te está ayudando o saboteando. Pero ahora vamos a entrar en la sala de máquinas. Vamos a hablar de ese recurso que, a diferencia del dinero, no puedes recuperar: el tiempo.

En el teletrabajo, el tiempo es una materia elástica y traicionera. Si no le pones límites, se expande hasta ocupar cada rincón de tu existencia. Seguramente te ha pasado: empiezas el lunes con una lista de tareas que parece el testamento de un faraón, y el viernes por la tarde te das cuenta de que no has tachado ni la mitad, pero estás más cansado que si hubieras subido el Everest en chanclas.

¿Qué ha pasado? Ha pasado que has sido víctima de la "ilusión de la ocupación". Estar ocupado no es ser productivo. Mover papeles de un lado a otro (o archivos de una carpeta a otra), responder correos que no llevan a nada y asistir a reuniones eternas es solo "ruido". Aquí vamos a aprender a buscar la "señal".

1. Técnicas de Optimización: Cómo hackear tu rendimiento

Para optimizar tu tiempo, primero tienes que entender una ley fundamental que rige el universo del trabajo, y no, no es ninguna fórmula mágica de Harvard, es la **Ley de Parkinson**. Esta ley dice que *"el trabajo se expande hasta llenar el tiempo disponible para su realización"*.

Si te das a ti mismo todo el día para escribir un informe, tardarás todo el día. Te distraerás, buscarás el café perfecto, mirarás por la ventana y retocarás la tipografía catorce veces. Pero si te dicen que tienes exactamente noventa minutos porque luego sale tu vuelo, milagrosamente, el informe estará listo en ochenta y nueve. El secreto del Maestro del Teletrabajo no es trabajar más horas, sino **acortar los plazos de forma artificial**.

El Bloqueo de Tiempo (Time Blocking) y el Trabajo Profundo

Olvídate de las listas de tareas infinitas. Las listas de tareas son, a menudo, una lista de deseos frustrados. La herramienta definitiva es el *Time Blocking*. Consiste en tratar tus tareas como si fueran citas ineludibles con tu jefe (que, recuerda, eres tú).

Si una tarea no tiene un hueco en tu calendario, no existe. Pero cuidado, no rellenes el calendario de "cositas". Usa bloques de **Trabajo Profundo (Deep Work)**. Este concepto, que no es mío pero que aplico a rajatabla, se refiere a la capacidad de concentrarse sin distracciones en una tarea cognitivamente exigente.

Tu cerebro no es un procesador de varios núcleos que pueda hacer diez cosas a la vez. Cada vez que saltas de una tarea a un mensaje de WhatsApp, tu cerebro tarda entre diez y quince minutos en volver al nivel de concentración anterior. Es lo que se llama "residuo de atención". Si saltas de una cosa a otra, vives en un estado de estupidez permanente. El Maestro reserva bloques de 90 minutos para lo importante, apaga el mundo y se sumerge.

La Técnica Pomodoro (pero con sentido común)

Seguro que has oído hablar de los famosos 25 minutos de trabajo y 5 de descanso. Está bien para empezar, pero para un profesional de alto rendimiento, 25 minutos se quedan cortos. Apenas estás entrando en "flujo" cuando suena la alarma.

Yo te propongo el **"Pomodoro para Adultos"**: 50 minutos de enfoque total y 10 minutos de descanso real. Y cuando digo descanso real, no me refiero a mirar Instagram. Me refiero a levantarte, estirar, beber agua o mirar al horizonte. Tu cerebro necesita vaciar la memoria RAM, no llenarla con más basura digital.

2. Metas y Prioridades: El Mapa del Tesoro

Saber correr es inútil si corres en la dirección equivocada. Por eso, antes de optimizar los minutos, tenemos que priorizar las misiones. Aquí es donde muchos fallan por el síndrome del "objetivo difuso".

La Matriz de Eisenhower: Tu filtro de realidad

Dwight Eisenhower, que algo sabía de gestionar crisis, dividía las tareas en cuatro cuadrantes basándose en la Urgencia y la Importancia. El teletrabajador medio vive en el cuadrante de lo "Urgente pero No Importante" (correos de otros, llamadas imprevistas) o, peor aún, en lo "Ni Urgente Ni Importante" (procrastinación).

El Maestro vive en el **Cuadrante 2: Lo Importante pero No Urgente**. Aquí es donde está la planificación, el estudio, la creación y el autocuidado. Si no dedicas tiempo a este cuadrante hoy, mañana todo será una urgencia que te quemará vivo.

El Método 1-3-5

Para que tu día no sea un caos, aplica esta regla cada noche antes de cerrar el chiringuito:

- **1 Gran Tarea:** Esa que si la terminas, el día ya ha valido la pena.
- **3 Tareas Medianas:** Importantes, pero menos críticas.
- **5 Tareas Pequeñas:** "Recados" administrativos o llamadas cortas.

Si intentas hacer diez "grandes tareas", no harás ninguna bien. Elige tu batalla principal y gánala.

Objetivos SMART (pero de verdad)

No me digas "quiero avanzar en el proyecto". Dime: "Voy a redactar las diez páginas del capítulo tres antes de las 12:00 del martes". Un objetivo tiene que ser Específico, Medible, Alcanzable, Relevante y con un Tiempo definido. Si no puedes medirlo, no puedes gestionarlo. Es así de crudo.

3. Enemigos de la Productividad: Los Jinetes del Apocalipsis Doméstico

Aquí es donde nos ponemos el traje de guerrero, porque el teletrabajo tiene enemigos silenciosos que son auténticos ninjas del robo de tiempo.

El Mono de la Gratificación Instantánea (Procrastinación)

Todos lo llevamos dentro. Es esa parte de nuestro cerebro que prefiere mirar un vídeo de un tipo construyendo una piscina en la selva con un palo antes que enfrentarse a esa hoja de cálculo de impuestos.

La procrastinación no es pereza, es **mala gestión de las emociones**. Postergamos una tarea porque nos genera ansiedad, aburrimiento o miedo al fracaso. El truco del coaching para vencer al mono es la "Regla de los 5 Minutos": dile a tu cerebro que solo vas a trabajar en esa tarea odiosa durante cinco minutos. Una vez que rompes la inercia (la resistencia inicial), lo más probable es que sigas. El cerebro odia empezar, pero también odia dejar las cosas a medias (Efecto Zeigarnik).

El Teléfono Móvil: El casino en tu bolsillo

Seamos honestos: el smartphone es la herramienta más potente de distracción masiva jamás creada. Las aplicaciones están diseñadas por ingenieros de Silicon Valley para secuestrar tu dopamina. Cada notificación es una "moneda" que echas en la máquina tragaperras esperando un premio social.

Si quieres ser un Maestro del Teletrabajo, el móvil no puede estar en la misma habitación que tú mientras haces Trabajo Profundo. Ni boca abajo, ni en silencio. **Fuera.** Si está cerca, tu cerebro gasta energía constantemente en "no mirarlo". Elimina esa fricción y verás cómo tu capacidad de concentración se dispara.

Las Interrupciones "Sociales" y el falso compromiso

En casa, la gente que te rodea (familia, amigos que llaman, vecinos) a veces olvida que estás trabajando. Piensan que, como estás en el salón, estás disponible para "un momentito".

Tienes que aprender el arte de la **Asertividad Radical**. Decir "no" a una interrupción no es ser maleducado, es respetar tu trabajo y tu tiempo. Si no respetas tu tiempo tú mismo, nadie más lo hará. Establece un código visual: si tengo los auriculares puestos o la puerta cerrada, es como si estuviera en otro continente.

4. Neurociencia y el ciclo de la Dopamina

Como mentor, me gusta que entiendas el "porqué" de las cosas. Tu cerebro funciona con un sistema de recompensa. Cuando terminas una tarea difícil, liberas dopamina, y eso te hace sentir bien. El problema es que mirar un "like" en LinkedIn también libera dopamina, pero sin el esfuerzo.

Estamos educando a nuestro cerebro para que prefiera la recompensa fácil y barata. Esto destruye nuestra capacidad de atención a largo plazo. Para recuperar tu cerebro, necesitas hacer una "limpieza de dopamina". Aprende a disfrutar del proceso, del esfuerzo, de la dificultad. Hay una satisfacción profunda en el trabajo bien hecho que un vídeo de TikTok jamás podrá darte.

5. Estoicismo y Productividad: La Dicotomía del Control aplicada al horario

Los estoicos hablaban mucho sobre el uso del tiempo. Séneca decía que *"no es que tengamos poco tiempo, es que perdemos mucho"*.

Aplica la **Dicotomía del Control** a tu jornada:

- **Lo que controlas:** A qué hora te sientas, qué tarea eliges primero, si apagas el móvil, cómo reaccionas ante un error.
- **Lo que NO controlas:** Si un cliente tarda en responder, si el servidor se cae, si hay una urgencia real externa.

El estrés del teletrabajador viene de intentar controlar lo incontrolable y descuidar lo que sí está en su mano. Centra toda tu potencia de fuego en tus acciones. Si el día se tuerce por causas externas, acéptalo con serenidad, ajusta el plan y sigue adelante. No malgastes energía emocional en quejarte de la realidad. La realidad es la que es; lo que importa es qué haces tú con ella.

6. La importancia del "Cierre de Jornada"

Tan importante como empezar bien es saber terminar. El mayor peligro del teletrabajo es la jornada infinita. Si no marcas un final, tu cerebro nunca descansa, y un cerebro que no descansa es un cerebro que toma malas decisiones.

Crea un **Ritual de Cierre**:

1. Revisa lo que has hecho (celebra tus pequeñas victorias, esto es clave para la motivación).
2. Prepara la lista 1-3-5 para mañana.
3. Limpia tu mesa física y virtual.
4. Di en voz alta o para tus adentros: "Jornada terminada".

Este ritual le dice a tu sistema nervioso que ya puede bajar las revoluciones. Es el momento de dejar de ser el Coach/Ejecutivo y volver a ser Jose, el marido, el padre o simplemente el tipo que disfruta de un buen libro o de un entrenamiento con pesas.

7. Herramientas: Menos es Más

No caigas en la trampa de probar una aplicación de productividad nueva cada semana. Eso es otra forma de procrastinación disfrazada de eficiencia.

Para ser un Maestro solo necesitas:

- Un calendario (Google, Outlook, el que sea).
- Una herramienta de notas simple (papel y boli sirven de maravilla).
- Un gestor de tareas básico si trabajas en equipo.
- Y, sobre todo, la voluntad de usarlos con disciplina.

La mejor herramienta de productividad del mundo está entre tus orejas. Todo lo demás son solo accesorios.

Resumen para el Guerrero del Teletrabajo

Este capítulo ha sido denso, lo sé. Pero es que aquí nos jugamos tu libertad real. Si dominas tu tiempo, dominas tu vida.

- **Usa la Ley de Parkinson a tu favor:** Ponte plazos cortos y exigentes.

- **Prioriza con la Matriz de Eisenhower:** No dejes que lo urgente mate a lo importante.
- **Protege tu Trabajo Profundo:** El móvil es el enemigo, los bloques de tiempo son tus aliados.
- **Gestiona tu energía, no solo tu tiempo:** Respeta tus ciclos biológicos.
- **Cierra el día con intención:** No dejes que el trabajo se filtre en tus sueños.

¿Sabes qué es lo más curioso de todo esto? Que cuando empiezas a ser realmente productivo, te das cuenta de que no necesitas trabajar ocho horas para conseguir resultados increíbles. La mayoría de la gente "calienta la silla". Tú vas a ser un cirujano del tiempo: entras, haces lo que tienes que hacer con precisión y sales a disfrutar de tu vida.

Porque de eso se trata, ¿no? De vivir mejor.

Ahora, respira. Hemos puesto orden en el reloj. Pero, ¿qué pasa con el resto de tu vida? ¿Cómo evitamos que esa eficiencia laboral se convierta en una obsesión que nos haga olvidar que somos seres humanos que necesitan sol, familia y descanso?

De eso vamos a hablar en el siguiente capítulo: el esquivo pero vital **Equilibrio entre Vida Laboral y Personal**. Prepárate, porque ahí es donde vamos a poner los límites que te van a salvar la salud y las relaciones.

¿Seguimos adelante? Pues no te distraigas ahora, que esto se pone interesante.

CAPÍTULO 3: Equilibrio entre Vida Laboral y Personal

El Arte de No Convertir tu Hogar en una Prisión de Cristal

Si has sobrevivido a los dos capítulos anteriores, ya tienes las herramientas para ser una máquina de producir. Pero cuidado, porque aquí es donde la mayoría de los "guerreros del teletrabajo" mueren de éxito. No hay nada más peligroso que un profesional eficiente que no sabe cuándo parar.

Hablar de "equilibrio" suena a libro de autoayuda barata de esos que se venden en los aeropuertos, con una foto de alguien meditando frente a un atardecer naranja. Pero seamos honestos: el equilibrio no es una foto fija, es un baile constante sobre la cuerda floja. Y en el teletrabajo, la cuerda está a diez metros de altura y no hay red.

El problema es que cuando trabajas donde vives, el trabajo tiende a comportarse como un gas: se expande hasta ocupar todo el volumen disponible. Si no le pones paredes de hormigón armado, terminarás respondiendo correos mientras bañas a tus hijos o revisando informes en la cama mientras tu pareja intenta decirte algo importante. Y eso, amigo mío, no es libertad; es una condena autoinfligida.

1. Límites Claros: La Construcción de tus Murallas Mentales

Epicteto decía que la libertad no se consigue satisfaciendo los deseos, sino eliminándolos. En nuestro contexto, la libertad se consigue estableciendo límites. Si no marcas una frontera, el trabajo colonizará tu vida privada con la voracidad de un imperio antiguo.

La Psicología de la Transición (El "Commute" Mental)

¿Recuerdas cuando odiabas el trayecto a la oficina? Resulta que ese tiempo, aunque fuera en un atasco, cumplía una función biológica: le daba tiempo a tu cerebro para cambiar de "frecuencia".

En casa, el trayecto es de dos metros. Tu cerebro no tiene tiempo de procesar que ha dejado de ser el "Director de Estrategia" para ser "el tipo que tiene que hacer la cena". Por eso, necesitas crear **rituales de transición**.

- **El ritual de entrada:** No empieces a trabajar según te levantas con el aliento de dragón y el pijama puesto. Dúchate, vístete (no hace falta traje, pero sí algo que no usarías para dormir) y "sal de casa" aunque solo sea para dar la vuelta a la manzana. Ese paseo es el mensaje que tu cerebro necesita: "Ahora empieza el trabajo".
- **El ritual de salida:** Este es el más importante. Cuando termines, haz algo físico que marque el final. Cierra el portátil (nada de

dejarlo en modo espera), guarda los trastos en un cajón y cámbiate de ropa. Si puedes, haz algo de ejercicio. Yo entreno con pesas cada mañana, pero si tu jornada termina tarde, un estiramiento o una serie de flexiones pueden actuar como el "botón de apagado" de tu sistema nervioso.

La "Habitación de los Secretos" (El Límite Físico)

Ya lo mencionamos en el capítulo uno, pero aquí lo vemos desde el punto de vista del equilibrio. Si trabajas en el sofá, el sofá deja de ser un lugar de descanso. Tu sistema límbico —ese mono con platillos que mencionamos— asociará el sofá con el estrés de los clientes.

Si no tienes una habitación propia, usa elementos simbólicos. Una alfombra que solo pisas cuando trabajas, o una lámpara específica. Cuando la lámpara se apaga, el trabajo deja de existir en ese espacio. Es una cuestión de higiene mental básica.

El Poder del "No" (Límites con los demás y contigo mismo)

Teletrabajar no significa estar disponible 24/7. Si un cliente te escribe a las nueve de la noche, el problema no es el cliente; el problema eres tú por haberle acostumbrado a que respondes a esa hora.

- **Gestiona las expectativas:** Pon en tu firma de correo o en tu estado de Slack tu horario de atención. Y cúmplelo. Si rompes tu propia regla una vez, la has roto para siempre.
- **La asertividad doméstica:** Habla con la gente con la que convives. Explícales que, aunque estés físicamente en casa, "no estás". No es que no les quieras, es que estás en tu "búnker". Es preferible estar cien por cien concentrado tres horas y luego estar cien por cien presente para ellos, que estar seis horas a medias con todo el mundo.

2. Rutina Saludable: Tu Cuerpo es el Hardware de tu Éxito

Aquí es donde me pongo serio. No soy psicólogo, como bien sabes, pero entiendo de rendimiento humano. Tu cerebro es un órgano biológico que consume el 20% de tu energía total. Si tratas a tu cuerpo como un vertedero, no esperes que tu mente funcione como un Ferrari.

Nutrición: Combustible, no Consuelo

En casa, la nevera es el "Jefe Final". Está ahí, susurrándote cada vez que te bloqueas con una tarea. La procrastinación a menudo se disfraza de hambre.

- **Evita el "piqueo" por ansiedad:** Si te sientes estresado, bebe agua o haz diez respiraciones profundas. El azúcar solo te dará un pico de energía seguido de un bajón que te dejará el cerebro como un puré de patatas.

- **Comidas con horario:** No comas frente a la pantalla. Es el hábito más destructivo que existe. Tu cerebro no registra la saciedad y terminas comiendo más y peor, sin disfrutar ni descansar. La comida debe ser un bloque de tiempo de "no-trabajo".

El Movimiento: Mente Sana en Cuerpo Entrenado

El sedentarismo es el veneno silencioso del teletrabajador. Pasar ocho horas sentado es, literalmente, decirle a tu cuerpo que se prepare para morir.

- **Micro-movimientos:** Cada hora, levántate. No es una sugerencia, es una orden. Haz cinco sentadillas, estira los flexores de la cadera o simplemente camina por el pasillo. La neurociencia nos dice que el movimiento libera BDNF (factor neurotrófico derivado del cerebro), una proteína que actúa como "abono" para tus neuronas. ¿Quieres ser más creativo? Muévete.

- **Entrenamiento de Fuerza:** No es por estética, es por resiliencia. El entrenamiento con cargas (pesas) mejora la sensibilidad a la insulina y la capacidad de enfoque. Cuando levantas un peso difícil, le estás enseñando a tu mente a gestionar el estrés de forma controlada. Esa capacidad se traslada directamente a cuando recibes un correo incendiario de un cliente.

El Sueño: El Taller de Reparación

Si sacrificas el sueño por el trabajo, estás pidiendo un préstamo con unos intereses que te arruinarán. Durante el sueño, el sistema glinfático de tu cerebro "limpia" los desechos metabólicos del día. Sin sueño, eres una versión más tonta, más irritable y menos creativa de ti mismo. Establece una "hora de apagado digital" al menos una hora antes de dormir. La luz azul de las pantallas le dice a tu glándula pineal que deje de producir melatonina, engañando a tu cuerpo para que crea que es mediodía. No luches contra tu propia biología, vas a perder.

3. Bienestar Integral: Cómo Esquivar el Burnout

El *burnout* o síndrome del trabajador quemado no llega de repente. Es un fuego lento que se alimenta de tu incapacidad para desconectar. En el teletrabajo, el riesgo es mayor porque no hay nadie que te diga: "Oye, vete a casa ya".

Aprende a leer tu propio tablero de mandos. Si notas estos síntomas, estás entrando en zona roja:

1. **Irritabilidad desproporcionada:** Un pequeño error en un archivo te hace querer lanzar el portátil por la ventana.
2. **Cinismo:** Empiezas a sentir desprecio por tus clientes o por tu propio trabajo.
3. **Agotamiento que no se cura durmiendo:** Te levantas igual de cansado que cuando te acostaste.
4. **Sensación de ineficacia:** Sientes que trabajas muchísimo pero que no avanzas nada.

Higiene Mental y Estoicismo

Los estoicos practicaban la *Premeditatio Malorum* (premeditación de los males). No para ser pesimistas, sino para quitarle poder al miedo. Pregúntate: "¿Qué es lo peor que puede pasar si no respondo este mensaje hasta mañana?". En el 99% de los casos, la respuesta es "nada". El mundo no se va a detener porque tú te tomes una tarde libre. Esa arrogancia de creer que somos indispensables es lo que nos acaba quemando.

Mucha gente piensa que el ocio es "lo que queda" después del trabajo. Error. El ocio de calidad debe estar programado en tu agenda con la misma seriedad que una junta de accionistas. Busca actividades que no tengan nada que ver con las pantallas. Leer un libro físico, cocinar, pasear por la naturaleza o charlar con un amigo cara a cara. Necesitamos estímulos analógicos para compensar el exceso de digitalización.

4. La Trampa de la Hiperconectividad

Vivimos en la era de la "economía de la atención". Las aplicaciones de mensajería están diseñadas para mantenerte en un estado de alerta constante (el famoso FOMO, *Fear of Missing Out* o miedo a perderse algo). En el teletrabajo, esto se traduce en estar mirando el grupo de la empresa mientras cenas.

Ejercicio de Coaching: Prueba el "Sábado Analógico" o, al menos, bloques de cuatro horas sin móvil. Al principio sentirás una especie de síndrome de abstinencia. Tu cerebro buscará la dosis de dopamina de la notificación. Pero si resistes, empezarás a experimentar una claridad mental que habías olvidado. Es en esos momentos de "aburrimiento" donde surgen las mejores ideas.

5. Socialización: Evita el Síndrome del Ermitaño Digital

El teletrabajo puede ser muy solitario. El ser humano evolucionó en tribus, no frente a monitores de 27 pulgadas en una habitación cerrada. La falta de contacto humano directo eleva los niveles de cortisol (la hormona del estrés) y reduce la oxitocina.

- **No dependas solo del chat:** Si algo se puede resolver con una llamada de dos minutos, llama. Escuchar una voz humana cambia la química de la interacción.
- **Busca "terceros lugares":** De vez en cuando, vete a trabajar a una cafetería o a un co-working. No por la eficiencia (que suele ser menor), sino por la sensación de pertenencia al mundo. Ver a otras personas moviéndose y viviendo te saca de tu propio bucle mental.
- **Quedadas reales:** No dejes que tus relaciones sociales se limiten a dar "likes" en fotos. Queda para tomar ese café, para entrenar o para dar un paseo. La conexión humana real es el mejor antídoto contra el estrés laboral.

6. Amor Fati: Acepta tu Realidad

Habrá días en los que nada de esto funcione. Días en los que se rompa una tubería, internet vaya lento y tengas una crisis existencial. En esos días, aplica el concepto estoico de *Amor Fati*: ama lo que sucede. No te resistas. Si el día es un desastre, acéptalo como tal. No intentes forzar la máquina.

A veces, la mejor decisión productiva es cerrar el chiringuito, irse a dormir y empezar de nuevo mañana.

La perfección es la enemiga de lo bueno. No busques un equilibrio perfecto; busca un equilibrio que te permita seguir siendo humano.

Resumen para el Maestro que se Cuida

Lograr el equilibrio no es un regalo que te da la vida; es una victoria que conquistas cada día.

- **Construye murallas:** Usa rituales de entrada y salida para proteger tu mente.
- **Trata a tu cuerpo como un aliado:** Come bien, muévete y respeta el sueño.
- **Detecta el fuego antes del incendio:** Aprende a reconocer los síntomas del burnout.
- **Desconecta de verdad:** El móvil es una herramienta, no una extensión de tu mano.
- **Cultiva lo humano:** No dejes que los píxeles sustituyan a las personas.

Recuerda, que trabajas para vivir, no vives para trabajar. El teletrabajo es un medio para conseguir una vida más plena, con más tiempo para lo que de verdad importa. Si terminas siendo un esclavo en tu propia casa, habrás perdido la guerra, por muy alta que sea tu facturación.

¿Cómo te sientes después de leer esto? ¿Te has dado cuenta de que quizá estás siendo demasiado duro contigo mismo? Tómate un respiro. En la segunda parte de este libro, vamos a pasar a la acción pura: la organización y la gestión de proyectos. Pero nada de lo que viene servirá si no aplicas primero lo que hemos visto aquí sobre tu bienestar.

Venga, estira las piernas, bebe un vaso de agua y, cuando estés listo, pasamos a la **Parte 2**. Vamos a convertir ese caos de tareas en un sistema de precisión suiza.

PARTE 2: ORGANIZACIÓN Y GESTIÓN DE PROYECTOS

CAPÍTULO 4: Comunicación Eficaz a Distancia

El Vínculo a través del Cristal

Ponte en situación. Envías un mensaje por Slack o WhatsApp a un compañero o a un cliente. Es algo sencillo, algo como: "¿Has podido revisar lo que te mandé ayer?". Pasan diez minutos. Media hora. Dos horas. Ves el "leído" o el doble check azul, pero no hay respuesta. Empiezas a darle vueltas. "¿Se habrá enfadado?", "¿He sido demasiado directo?", "¿Estará cuestionando mi trabajo?". Tu cerebro, que es una máquina experta en fabricar películas complejas donde solo hay silencio, empieza a disparar cortisol como si te estuviera persiguiendo un león en la sabana.

Bienvenido a la Torre de Babel digital. En el teletrabajo, la comunicación no es solo el intercambio de información; es el pegamento que evita que tu equipo y tus clientes se desmoronen en una galaxia de malentendidos. Si en la oficina la comunicación era como respirar —algo que ocurría de forma natural mientras caminabas hacia la máquina de café—, en remoto la comunicación es como bucear: si no llevas el equipo adecuado y no controlas el ritmo, te ahogas.

Como profesional del coaching, te diré algo que he visto repetirse una y otra vez: la mayoría de los problemas en el teletrabajo no son técnicos, son relacionales. No falla el software, falla el "humanware". Nos hemos olvidado de que, al otro lado de la pantalla, hay un ser humano con sus propios miedos, sesgos y ruidos domésticos.

1. La Ilusión de la Comunicación: Sincronía vs. Asincronía

George Bernard Shaw decía que *"el mayor problema de la comunicación es la ilusión de que ha tenido lugar"*. En el mundo digital, esta ilusión es una trampa mortal. Mandar un mensaje no es comunicarse; comunicarse es asegurarse de que el otro ha recibido, entendido y procesado el mensaje con la intención con la que fue enviado.

En el teletrabajo, el gran salto de fe es dominar la **Comunicación Asíncrona**.

El Secuestro del Tiempo Real

La comunicación síncrona (llamadas, reuniones, chats en vivo) es la que ocurre al mismo tiempo. Es útil para crisis o para lluvias de ideas, pero es el mayor enemigo de la productividad profunda. Si esperas que todo el mundo responda al segundo, estás fomentando una cultura de interrupción constante. Estás diciendo que el "ahora mismo" es más importante que el "bien hecho".

El Maestro del Teletrabajo abraza la asincronía. Esto significa:

- **Aceptar el retardo:** Entender que el otro tiene derecho a estar concentrado en su "trabajo profundo" y que te responderá cuando salga de su búnker.
- **Mensajes completos:** Deja de enviar "Hola", "Tengo una duda", "¿Estás?". Eso es terrorismo digital. Envía el contexto completo, la duda específica y lo que necesitas del otro en un solo bloque. Respeta el tiempo del receptor.

No todas las herramientas sirven para todo. Usar el canal equivocado es como intentar cortar un filete con una cuchara; vas a mancharlo todo y no vas a conseguir nada.

- **Chat (Slack, WhatsApp):** Para lo urgente, lo efímero o lo social. No para decisiones estratégicas.
- **Correo Electrónico:** Para información que debe quedar registrada, documentos importantes o comunicaciones formales.
- **Videollamada:** Para temas complejos, feedback emocional o resolución de conflictos. Si se puede resolver con un párrafo, no pidas una reunión.

2. Videollamadas: El Teatro de la Fatiga Digital

Hablemos de esa cuadrícula de caras pixeladas que ocupa la mitad de tu día. La neurociencia ha identificado un fenómeno real llamado "Fatiga de Zoom". ¿Por qué nos agota tanto una hora de cámara si en persona aguantaríamos tres?

La respuesta está en nuestro cerebro social. Cuando estamos cara a cara, captamos miles de microseñales: la postura, el tono de voz, el brillo de los ojos, la respiración. En una videollamada, el cerebro tiene que trabajar el triple para rellenar los huecos que la baja resolución y el retardo de la red dejan vacíos. Además, está el efecto espejo: vernos a nosotros mismos todo el tiempo nos genera una autoconciencia agotadora, como si estuviéramos actuando en un escenario permanentemente.

Cómo liderar reuniones que no den ganas de llorar:

1. **Cámara opcional (a veces):** Si es una reunión informativa, permite que la gente apague la cámara. Reduce el estrés cognitivo y permite escuchar con más atención.
2. **La agenda es ley:** Si una reunión no tiene puntos claros y una duración definida, es un agujero negro de tiempo. Sé el estoico de las reuniones: llega a tiempo, ve al grano y termina cinco minutos antes.
3. **El silencio no es vacío:** Aprende a tolerar los silencios en digital. La gente necesita unos segundos extra para procesar y activar el micrófono. No intentes rellenar cada segundo con ruido.

3. Escritura con Alma: Redactar para Humanos

Como no soy psicólogo, te hablaré desde la trinchera del coaching y la autoría de libros. La palabra escrita es tu principal herramienta de marca personal. En remoto, eres lo que escribes. Si tus correos son crípticos, agresivos o descuidados, así es como te percibe el mundo.

Hay una ley no escrita en la psicología cognitiva aplicada a la comunicación digital: un mensaje neutro suele leerse como negativo, y un mensaje ligeramente positivo suele leerse como neutro. Debido a la falta de lenguaje no verbal, el cerebro del receptor tiende a prepararse para lo peor.

Consejo de Mentor: Sobreactúa un poco la amabilidad. No se trata de ser un payaso, sino de usar "amortiguadores". Un "Espero que estés teniendo una buena semana" antes de pedir un informe cambia radicalmente cómo se recibe la petición. La cortesía no es pérdida de tiempo; es lubricante para que los engranajes de la colaboración no chirríen.

Claridad sobre Inteligencia

No intentes parecer el más listo de la clase usando palabras complejas o frases subordinadas infinitas. En el teletrabajo, la claridad es la forma más alta de respeto. Usa frases cortas, puntos clave y negritas. Si el lector tiene que leer tu mensaje tres veces para saber qué quieres, has fallado.

4. Liderazgo a Distancia: De la Vigilancia a la Confianza

Si eres responsable de un equipo, el teletrabajo es tu prueba de fuego definitiva. Aquí es donde se separan los "jefes" de los "líderes". El jefe tradicional necesita ver culos en las sillas para sentir que tiene el control. El líder en remoto entiende que el control es una ilusión y que lo que importa es el compromiso.

El Virus del Micromanagement

Pedir reportes cada hora o vigilar el punto verde de disponibilidad en el chat es el camino más rápido para destruir el talento. El micromanagement en remoto es una señal clara de inseguridad del líder. Como profesional del coaching, siempre digo: "Contrata a adultos y trátalos como a adultos". Si no confías en alguien para que trabaje desde su casa, ¿por qué lo contrataste?

Gestión por Objetivos (OKRs)

En lugar de vigilar el tiempo, vigila los resultados. Establece metas claras, indicadores de éxito y deja que cada uno encuentre su camino. El liderazgo moderno consiste en despejar el camino de obstáculos para tu equipo, no en convertirte tú en el obstáculo.

5. Gestión de Conflictos: Por qué nunca debes discutir por escrito

Esto es vital. Grábatelo a fuego. La palabra escrita es estática, pero el conflicto es dinámico y emocional. Cuando notas que la tensión sube en un hilo de mensajes, cuando empiezas a usar exclamaciones o ironías punzantes, **para**.

La Regla de la Escalada: Al segundo mensaje de desacuerdo, sal del teclado. Levanta el teléfono o abre una sesión de vídeo. Necesitas el tono de voz. Necesitas la humanidad. Discutir por Slack es como intentar apagar un incendio con gasolina; solo vas a conseguir que las palabras queden registradas para siempre, sacadas de contexto, alimentando el rencor.

Sé un estoico en el conflicto. Marco Aurelio decía: *"La mejor venganza es no ser como el que te causó el daño"*. Mantén la elegancia, busca la solución y no la victoria personal. En el teletrabajo, una relación rota es mucho más difícil de reparar porque no hay "roces" casuales que suavicen la aspereza.

6. La "Cafetería Virtual": Manteniendo la Tribu Unida

Ya dijimos que el aislamiento es el gran desafío del teletrabajo. Un equipo que solo habla de tareas es un equipo que se marchita. Necesitamos espacios para lo informal, para el chiste, para el sarcasmo inteligente (ese que tanto me gusta usar) y para compartir la vida.

- **Canales de "ruido":** Crea espacios digitales solo para compartir fotos de mascotas, recomendaciones de libros o chistes.

- **Reuniones de "no-trabajo":** Quince minutos a la semana para hablar de cualquier cosa menos de proyectos. Parece una pérdida de tiempo, pero es una inversión en capital social. Sin confianza personal, la colaboración técnica es mucho más lenta y costosa.

7. El Estoicismo de la Palabra: Silencio y Verdad

Zenón de Citio, el fundador del estoicismo, decía que *"tenemos dos orejas y una sola boca para que escuchemos el doble de lo que hablamos"*. En el entorno digital, esto se traduce en leer el doble de lo que escribimos.

Antes de pulsar "enviar" en ese mensaje que crees que es brillante pero que puede ser malinterpretado, practica la **Pausa Estoica**. Pregúntate:

1. **¿Es verdad?** (¿Tengo los datos o es una suposición?).
2. **¿Es necesario?** (¿Aporta algo o es solo ego?).
3. **¿Es amable?** (¿Mantiene el vínculo humano?).

Si el mensaje no pasa estos tres filtros, bórralo. El silencio digital es, a menudo, una de las herramientas de comunicación más potentes que existen. No tienes que estar en todas las conversaciones, ni opinar sobre cada detalle.

8. Protocolos de Comunicación: El Manual de Instrucciones del Equipo

Para que todo esto funcione, no basta con buenas intenciones. Necesitas reglas de juego claras. Si trabajas con otros, cread un "Manual de Comunicación".

- ¿Qué es una urgencia real y cómo se comunica? (Ejemplo: llamada telefónica).
- ¿En qué horario se espera respuesta en el chat?
- ¿Cuándo es obligatorio encender la cámara?

La claridad en las reglas elimina la ansiedad. Cuando sé qué se espera de mí, puedo relajarme y enfocarme en producir valor. La ambigüedad es el caldo de cultivo de la frustración.

Resumen para el Maestro de la Conexión

Dominar la comunicación a distancia es pasar de ser un emisor de datos a ser un creador de puentes.

- **Abraza la asincronía:** Deja de vivir en el "ahora mismo" y empieza a vivir en el "enfoque profundo".

- **Combate la fatiga digital:** Sé breve, sé claro y usa la cámara con inteligencia.
- **Escribe para humanos:** Usa amortiguadores, sé cortés y busca la simplicidad absoluta.
- **Lidera con confianza:** Olvida el control físico y enfócate en el impacto de los resultados.
- **Humaniza el cristal:** No dejes que la tecnología borre la empatía. Al otro lado hay alguien como tú.

Recuerda, que el teletrabajo no nos aleja de las personas, solo cambia el medio. La calidez, el respeto y la claridad viajan por la fibra óptica igual que lo hacían en el aire de una oficina, pero requieren un esfuerzo más consciente. No dejes que la pantalla sea un muro; conviértela en una ventana.

¿Cómo vas? Espero que después de esto mires tu bandeja de entrada no como un campo de minas, sino como una oportunidad para construir relaciones sólidas.

En el próximo capítulo, vamos a meternos en el barro de la **Organización y Gestión de Proyectos**. Vamos a ver cómo pasar de las ideas a los hechos sin pernos en el laberinto de las herramientas digitales.

¿Preparado para poner orden en el caos? Pues vamos a ello, que el tiempo corre y nosotros tenemos mucho que crear.

CAPÍTULO 5: Organización y Gestión de Proyectos

De la Idea al Hecho (sin perder los nervios en el camino)

Imagina por un momento que entras en un taller mecánico. Si ves las herramientas tiradas por el suelo, manchas de aceite por todas partes y al mecánico buscando una llave inglesa debajo de una pila de neumáticos viejos, ¿le dejarías tu coche? Probablemente no. Pues bien, tu cerebro es ese taller. Y si tu sistema de organización digital y mental se parece más a un mercadillo de segunda mano que a un centro de alto rendimiento, los resultados de tu trabajo van a sufrir las consecuencias.

En el teletrabajo, no tienes a una secretaria que te organice la agenda ni a un jefe de planta que te recuerde qué pieza va después de cuál. Eres el arquitecto y el albañil al mismo tiempo. Y aquí es donde muchos profesionales con un talento increíble fracasan: se pierden en el laberinto de sus propias ideas porque carecen de un sistema de navegación fiable.

Organizar no es poner etiquetas de colores en un tablero digital para que quede bonito en una captura de pantalla. Organizar es, esencialmente, **reducir la carga cognitiva de tu cerebro** para que este pueda dedicarse a lo que mejor sabe hacer: crear, resolver y ejecutar.

1. Organización: El Arte de Vaciar la Mente

Decía David Allen, uno de los grandes gurús de la productividad, que *"tu mente es para tener ideas, no para guardarlas"*. Y tenía más razón que un santo. Tu memoria de trabajo es limitada; es como la memoria RAM de un ordenador. Si la tienes llena de recordatorios tipo "comprar leche", "llamar a García" o "revisar el presupuesto del proyecto X", no te queda espacio para pensar con claridad.

El Sistema de Captura: Tu "Segundo Cerebro"

Como coach, he visto a personas al borde del colapso simplemente por intentar recordarlo todo. El primer paso para una organización maestra es tener un sistema de captura universal. No importa si es una libreta de papel, una aplicación en el móvil o un documento de texto. Lo importante es que sea **uno solo** y que confíes en él al cien por cien.

Cada vez que te asalte una idea o un compromiso, no dejes que flote en tu cabeza. Captúralo. Sácalo de ahí. Al hacerlo, le das a tu cerebro permiso para olvidarlo temporalmente, sabiendo que está a buen recaudo. Esto reduce la ansiedad de forma inmediata. Es como vaciar la mochila antes de empezar a subir la montaña.

La Jerarquía de la Ejecución: Sueños, Proyectos y Tareas

Uno de los grandes errores organizativos es mezclar niveles de abstracción. No puedes poner en la misma lista "Cambiar el modelo de negocio" y "Comprar grapas".

1. **Sueños/Visiones:** Son el "porqué". El horizonte a largo plazo. No se ejecutan, se persiguen.
2. **Proyectos:** Cualquier resultado deseado que requiera más de una acción física. "Lanzar la web" es un proyecto.
3. **Tareas (Acciones Siguientes):** Es lo mínimo que puedes hacer. Algo concreto, físico y ejecutable. "Llamar al programador para pedirle el acceso FTP".

Si tu lista de tareas está llena de "proyectos" disfrazados de tareas, procrastinarás. ¿Por qué? Porque tu cerebro ve "Lanzar la web" y se asusta. Es demasiado grande. Pero si ve "Escribir el texto de la página de inicio", dice: "Vale, eso puedo hacerlo en media hora". El Maestro del Teletrabajo es un experto en trocear el elefante hasta que cada bocado sea digerible.

2. Metodologías de Gestión: Agile y Kanban en el Salón de Casa

No hace falta que trabajes en una multinacional tecnológica para beneficiarte de las metodologías ágiles. Estos sistemas nacieron para gestionar la incertidumbre y la complejidad, que es exactamente lo que experimentas tú cada día en tu despacho doméstico.

El Tablero Kanban: Visualiza el Flujo

El ser humano es visual por naturaleza. Un listado vertical de tareas es aburrido y opresivo. Un tablero Kanban (físico con post-its o digital como Trello o Notion) es dinámico. Divide tu trabajo en columnas básicas:

- **Backlog (Cajón de sastre):** Todo lo que tienes que hacer algún día.
- **Esta semana:** Lo que has decidido que es prioridad ahora.
- **En proceso (Doing):** Aquí solo puede haber una o dos cosas. Si tienes diez tareas en proceso, no tienes nada en proceso; tienes un atasco.
- **Bloqueado:** Tareas que dependen de otros.
- **Hecho (Done):** El cementerio de tus éxitos. Nunca subestimes el placer dopaminérgico de mover una tarjeta a esta columna.

La magia del Kanban es que te permite ver los cuellos de botella. Si la columna de "En proceso" está llena, es que te estás autoengañando con la multitarea. Si la columna de "Bloqueado" crece, es que tienes un problema de comunicación con tus colaboradores.

En el teletrabajo, el perfeccionismo es una forma elegante de procrastinación. La mentalidad ágil propone trabajar por "sprints" (períodos cortos de trabajo intenso) y buscar el "Producto Mínimo Viable". No intentes que el proyecto sea perfecto antes de mostrarlo. Saca una versión, pruébala, recibe feedback y mejora. Como suelo decir en mis sesiones, "hecho es mejor que perfecto". El estoico sabe que la perfección es un ideal inalcanzable, pero la excelencia es un hábito diario.

3. Herramientas Digitales: El Síndrome del Objeto Brillante

Aquí es donde tengo que darte un tirón de orejas virtual. Estamos en la era de las aplicaciones. Cada semana sale una herramienta nueva que promete organizarte la vida con inteligencia artificial, colores neón y una interfaz minimalista. Y ahí vas tú, perdiendo tres días en configurar la herramienta en lugar de trabajar en lo que importa.

La Regla de Oro de las Herramientas: La herramienta debe servir al sistema, no al revés. Si pasas más tiempo organizando el trabajo que haciéndolo, la herramienta es el enemigo.

Mi kit básico recomendado (menos es más):

1. **Gestor de Tareas/Proyectos:** Notion para los que aman la personalización, Trello para los visuales, o Todoist para los que quieren rapidez. Escoge uno y quédate con él al menos seis meses.

2. **Calendario:** Es tu ley. El calendario no es para recordar cumpleaños; es para bloquear el tiempo de ejecución. Si no está en el calendario, no va a pasar.

3. **Almacenamiento en la Nube:** Google Drive o Dropbox. El orden de las carpetas es el orden de tu mente. Si llamas a tus archivos "final_v2_este_sí_que_es_el_bueno.pdf", estás pidiendo a gritos una crisis nerviosa. Usa una nomenclatura clara: AÑO-MES-DIA_NombreProyecto_Version.

4. **Notas Rápidas:** Algo donde puedas escribir ideas volando. Evernote, OneNote o incluso el bloc de notas del móvil.

Consejo de Coach: No te dejes seducir por la complejidad. He visto a gente gestionar negocios de millones de euros con una hoja de cálculo de Excel y una libreta Moleskine. La sofisticación no está en el software, está en tu disciplina.

4. La Gestión de la Energía y la "Fatiga de Decisión"

¿Sabes por qué Mark Zuckerberg o Steve Jobs vestían siempre igual? Para no gastar energía decidiendo qué ponerse. Cada decisión que tomas, por pequeña que sea, consume glucosa en tu cerebro. A esto se le llama "fatiga de decisión".

En el teletrabajo, las decisiones son constantes: "¿Qué hago ahora?", "¿Respondo este mail?", "¿Pongo la lavadora?". Para cuando te sientas a hacer el trabajo de verdad, tu cerebro está agotado.

Cómo combatir la fatiga de decisión:

- **Decide la noche anterior:** No empieces el día preguntándote qué vas a hacer. El plan debe estar hecho antes de que abras el ojo.
- **Automatiza lo trivial:** Ten rutinas fijas para las tareas administrativas. El lunes es para facturas, el viernes para revisar proyectos, etc.
- **Agrupa tareas (Batching):** No respondas correos según llegan. Agrupa todos los correos en dos o tres bloques al día. No edites fotos de una en una; edítalas todas juntas. El cambio de contexto es el asesino silencioso de la productividad.

5. Neurociencia de la Organización: El Efecto Zeigarnik

La psicología cognitiva nos habla del Efecto Zeigarnik: el cerebro tiene una tendencia intrínseca a recordar las tareas inacabadas o interrumpidas con mucha más intensidad que las completadas. Esto genera un "ruido de fondo" mental. Esas tareas pendientes son como pestañas abiertas en el navegador de tu mente que consumen recursos.

Organizar tus proyectos en pasos pequeños y cerrarlos mentalmente (poniéndoles una fecha o una acción siguiente clara) es la forma de "cerrar esas pestañas". Cuando tienes un sistema de organización fiable, tu cerebro se relaja porque sabe que no tiene que estar "vigilando" la tarea. Sabe que el sistema le avisará cuando toque. Eso es paz mental, y la paz mental es el requisito previo para la creatividad de alto nivel.

6. Estoicismo y Control de Expectativas

Séneca decía: *"Nada es tan lamentable como un hombre que empieza a vivir cuando la vida se le está acabando"*. Trasladado a nuestro mundo: nada es tan lamentable como un profesional que empieza a trabajar de verdad cuando la jornada ya se ha terminado.

El estoicismo nos enseña la **Dicotomía del Control**. En la gestión de proyectos:

- **Lo que controlas:** Tu planificación, tu esfuerzo, tu sistema de orden, tu respuesta ante los imprevistos.
- **Lo que NO controlas:** Si un proveedor se retrasa, si un cliente cambia de opinión a última hora, si hay una caída global de los servidores.

Gestionar proyectos con maestría significa poner toda tu atención en la excelencia de tu proceso y desapegarte del resultado inmediato. Si el proyecto falla a pesar de tu excelente organización, el estoico no se fustiga; analiza, aprende y ajusta el sistema. El fracaso es solo un dato más en tu hoja de ruta.

7. El "Mapa de Calor" de tus Proyectos

No todos los proyectos son iguales. Algunos son "Proyectos Pantano" (esos que se arrastran durante meses y te chupan la energía) y otros son "Proyectos Cohete" (rápidos, motivadores y rentables).

Ejercicio de Coaching: Haz un inventario de tus proyectos actuales y puntúalos del 1 al 10 en dos categorías: **Rentabilidad** (o impacto) y **Disfrute**.

- Si un proyecto es rentable pero no lo disfrutas, busca cómo automatizarlo o delegarlo.

- Si lo disfrutas pero no es rentable, es un hobby, no un proyecto profesional. Sé honesto contigo mismo.
- Si no es rentable ni lo disfrutas... ¿qué demonios hace todavía en tu tablero? Elimínalo. La capacidad de decir "no" a proyectos mediocres es lo que deja espacio para los proyectos extraordinarios.

8. La Revisión Semanal: El Momento de Verdad

Si el teletrabajo es un viaje, la revisión semanal es el momento en el que te detienes, miras el mapa, compruebas el nivel de combustible y ajustas la brújula. Sin revisión, la organización se degrada hasta convertirse en caos.

Cada viernes (o domingo, según tu cronotipo), reserva una hora para:

1. **Vaciar la cabeza:** Captura todo lo pendiente que haya quedado volando.
2. **Revisar el calendario:** Mira qué viene la semana que viene y prepárate.
3. **Limpiar las listas:** Tacha lo hecho, elimina lo irrelevante y actualiza los estados de tus proyectos.
4. **Evaluar:** ¿Qué ha funcionado esta semana? ¿En qué he perdido el tiempo? ¿Cómo puedo mejorar un 1% la semana que viene?

Esta hora de revisión es, posiblemente, la hora más productiva de toda tu semana. Te da la perspectiva del águila mientras el resto del tiempo estás trabajando como la hormiga.

9. Ironía y Realidad: Cuando el Plan Falla

Seamos realistas. Puedes tener el sistema de Notion más sofisticado del mundo y el tablero Kanban más equilibrado, y entonces llegará un martes de lluvia, se te romperá la caldera y entrarás en un bucle de procrastinación viendo vídeos de "reformas de casas en el campo".

No pasa nada. El sistema no está ahí para que seas un robot perfecto; está ahí para que tengas un lugar al que volver cuando la vida se ponga desordenada. La organización es una red de seguridad, no una camisa de fuerza. Ríete de tus propios fallos, sé irónico con tu falta de disciplina ocasional, pero luego, vuelve al sistema. El orden es el refugio del hombre libre.

Resumen para el Maestro Organizador

Gestionar proyectos en casa es una danza entre la estructura y la flexibilidad. No permitas que el desorden te robe la energía ni que la excesiva organización te robe la acción.

- **Captura todo:** Libera a tu cerebro de la carga de recordar.

- **Trocea el elefante:** Convierte los proyectos intimidantes en tareas ridículamente pequeñas.

- **Visualiza el flujo:** Usa Kanban para ver dónde se atasca tu trabajo.

- **Simplifica las herramientas:** Usa lo mínimo necesario para ser efectivo.

- **Protege tu energía:** Evita la fatiga de decisión con rutinas y planificación previa.

- **Revisa y ajusta:** La revisión semanal es tu brújula sagrada.

Recuerda que organizar no es trabajar; es la preparación para poder trabajar con maestría. No confundas mover tarjetas de sitio con aportar valor real. Organiza con inteligencia para poder ejecutar con furia.

En el próximo capítulo, vamos a subir un nivel. Vamos a hablar de cómo mantener esta maestría cuando no estás solo, sino que tienes que colaborar con otros o liderar equipos desde la distancia. El **Coaching para el Liderazgo y la Colaboración** es el siguiente paso en tu evolución.

¿Preparado para dejar de ser una isla y convertirte en un nodo de influencia? Pues vamos a por ello, que el mundo no se va a organizar solo.

CAPÍTULO 6: Liderazgo y Colaboración a Distancia

De ser una Isla a ser un Nodo de Poder

Escucha bien esto que te voy a decir, porque es la piedra en la que tropiezan casi todos los que intentan escalar su negocio o su carrera desde el salón de casa. Existe un mito peligroso, una especie de romanticismo barato sobre el teletrabajador como un "lobo solitario", un ermitaño digital que produce maravillas en total aislamiento y solo se comunica con el mundo para enviar facturas.

Si crees eso, estás muerto profesionalmente y todavía no te han avisado.

En el mundo real, y más en la era de la hiperconectividad, nadie llega lejos solo. El teletrabajo no va de aislarse; va de conectar de una forma nueva, más inteligente y, sobre todo, más humana. Si en los capítulos anteriores aprendiste a gobernarte a ti mismo (que es la batalla más dura), ahora te toca aprender a ser un nodo de influencia. Ya seas el jefe de un equipo de cincuenta personas o un profesional independiente que colabora con tres proveedores externos, tu capacidad para liderar y colaborar a través de un cable de fibra óptica determinará tu techo de cristal.

Liderar en remoto no es mandar correos con instrucciones. Liderar en remoto es generar confianza donde no hay contacto físico. Y eso, amigo mío, requiere una maestría que no se enseña en los másteres de negocios tradicionales.

1. El Paradigma de la Confianza vs. El Síndrome del Vigilante

Empecemos por el elefante en la habitación: el control. Muchos jefes —y muchos profesionales que trabajan con otros— sufren de una patología que yo llamo "El Síndrome del Punto Verde". Es esa ansiedad que te entra cuando ves que el compañero no tiene el indicador de disponibilidad activo en el chat. "¿Estará trabajando?", "¿Se habrá ido a echar la siesta?", "¿Me está tomando el pelo?".

Si tu liderazgo se basa en vigilar el reloj, no eres un líder, eres un capataz del siglo XIX con conexión a internet. Y te aviso: el control es una ilusión. En una oficina podías ver a alguien sentado frente a la pantalla, pero no tenías ni idea de si estaba diseñando el plan estratégico o buscando ofertas de vacaciones en las Bahamas. En el teletrabajo, esa ilusión desaparece y te obliga a enfrentarte a la verdad.

La Confianza como Activo Estratégico

Como profesional del coaching, siempre trabajo sobre una base: la confianza no se pide, se otorga. Y en remoto, es la moneda de cambio.

- **Confianza Basada en Resultados:** Deja de medir las horas y empieza a medir los impactos. Si el trabajo se entrega con la calidad acordada y en el plazo previsto, ¿qué te importa si lo ha hecho a las diez de la mañana o a las dos de la madrugada mientras escuchaba heavy metal?
- **La Transparencia Radical:** Para que un equipo confíe, necesita información. En remoto, la falta de información se rellena con paranoia. Si no cuentas lo que está pasando, la gente se imaginará lo peor. Sé claro, sé directo y no escondas la pelota.

El fin del Micromanagement

El micromanagement es el cáncer del teletrabajo. Es asfixiante para el que lo recibe y agotador para el que lo ejerce. Si tienes que estar encima de alguien para que haga su trabajo, tienes un problema de contratación o de formación, no de teletrabajo. El Maestro del Liderazgo define el "qué" y el "para cuándo", pero deja que el profesional decida el "cómo". Eso es empoderamiento real, no palabrería de manual de recursos humanos.

2. El Contrato Social Digital: Reglas de Juego Claras

Uno de los mayores focos de estrés en la colaboración a distancia es la ambigüedad. "No sé si puedo molestarle ahora", "No sé si este mensaje es urgente", "No sé si tengo que responder a este correo en domingo". La ambigüedad es el caldo de cultivo de la frustración.

Para colaborar con maestría, necesitas establecer un **Contrato Social** con tu equipo o colaboradores. No es un contrato legal, es un pacto de caballeros (y damas) sobre cómo vamos a convivir en el espacio digital.

Puntos clave del pacto:

1. **Definición de Canales:** ¿Para qué usamos WhatsApp? (Sugerencia: para nada profesional si valoras tu salud mental). ¿Cuándo se usa el correo? ¿Cuándo se hace una videollamada?

2. **Tiempos de Respuesta:** Estableced expectativas realistas. "En Slack respondemos en un máximo de cuatro horas laborales; en email, en veinticuatro". Esto elimina la ansiedad del "visto" y permite el trabajo profundo.

3. **Disponibilidad y Desconexión:** Respetad los bloques de tiempo. Si alguien ha marcado su calendario como "Enfoque Profundo", es sagrado. No se le interrumpe a menos que la oficina física esté ardiendo de verdad.

4. **El Derecho al Error:** En remoto, los malentendidos son inevitables. Estableced la regla de "presunción de inocencia". Antes de enfadarte por un comentario en un chat, asume que no ha habido mala intención y pregunta.

3. Neurociencia de la Conexión: Oxitocina en Tiempos de Zoom

Aquí es donde nos ponemos un poco técnicos, pero sin pasarnos de frenada. El ser humano es un animal social diseñado para vivir en tribus. Cuando interactuamos cara a cara, nuestro cerebro libera oxitocina, la hormona del vínculo y la confianza. Un apretón de manos, una palmada en el hombro o simplemente compartir el mismo aire regula nuestro sistema nervioso.

A través de una pantalla, la liberación de oxitocina es mínima. Por eso las relaciones en remoto pueden volverse frías, mecánicas y puramente transaccionales. Y cuando una relación es puramente transaccional, es muy fácil que se rompa al primer contratiempo.

¿Cómo "humanizar" la fibra óptica?

- **El Ritual del Check-in:** No empieces las reuniones hablando de KPIs y objetivos. Dedica los primeros cinco minutos a preguntar: "¿Cómo estás?", pero de verdad. Escucha lo que hay detrás de las palabras. Comparte algo de tu propia vida, de tus fracasos o de tus pequeños chistes diarios. La vulnerabilidad del líder es el pegamento más potente que existe.
- **Cocreación en Vivo:** A veces, trabajad juntos "en paralelo". Abrid una sesión de vídeo, cada uno trabaja en su tarea en silencio,

compartiendo el espacio virtual. Simula la sensación de estar en la misma sala y reduce la sensación de aislamiento.

- **El Elogio Público:** En una oficina, un "buen trabajo" se oye en el pasillo. En remoto, si no lo escribes o lo dices en una reunión grupal, no existe. El reconocimiento es el combustible de la motivación; no seas tacaño con él.

4. La Inteligencia Emocional Detrás del Cristal

Como bien sabes, no soy psicólogo, pero he pasado miles de horas escuchando a personas en mis procesos de coaching. Y te diré una verdad como un templo: en remoto, la empatía es una habilidad de alto rendimiento.

Sin lenguaje no verbal (ese 70-90% de la comunicación que perdemos en digital), tienes que desarrollar un "oído absoluto" para detectar las emociones en el texto y en el tono de voz.

Detección de incendios emocionales:

- **Silencios Prolongados:** Si alguien que solía participar mucho deja de hacerlo, algo pasa. No le ignores; llámale.
- **Cambios en el Tono:** Si los mensajes pasan de ser fluidos a ser secos y cortantes, hay un foco de conflicto o de burnout.

- **La Pantalla como Escudo:** Hay personas que usan la distancia para esconder su malestar. Como líder o colaborador, tu labor es crear la **Seguridad Psicológica** necesaria para que puedan decir: "Hoy no puedo con la vida, necesito ayuda".

5. Estoicismo y Liderazgo: La Virtud del Ejemplo

Marco Aurelio, el emperador estoico, no lideraba desde una torre de marfil. Estaba en las fronteras, pasando frío con sus soldados, viviendo bajo las mismas reglas que imponía. En el teletrabajo, esto es fundamental.

No puedes pedirle a tu equipo que respete los horarios si tú envías correos a las dos de la mañana. No puedes pedirles que se organicen si tú eres un caos andante. El liderazgo estoico se basa en cuatro virtudes cardinales aplicadas a la colaboración:

1. **Sabiduría:** Saber distinguir entre una urgencia real y un capricho del ego.
2. **Justicia:** Dar a cada uno lo que le corresponde, reconocer el mérito y repartir la carga de trabajo de forma equitativa.
3. **Coraje:** Tener las conversaciones difíciles cara a cara (por vídeo) y no esconderse detrás de un email cobarde.
4. **Templanza:** Mantener la calma cuando el servidor se cae o el proyecto estrella se retrasa. Tu serenidad es la calma de tu equipo.

La Dicotomía del Control en el Equipo: Enseña a tus colaboradores a enfocarse en lo que controlan. No pueden controlar la economía mundial, pero sí pueden controlar la calidad del código que escriben hoy. Ayúdales a soltar la ansiedad por los resultados y a enamorarse del proceso. Un equipo que se enfoca en la excelencia diaria es un equipo imparable.

6. Gestión de Conflictos: El Arte de Desactivar Bombas Digitales

En remoto, los conflictos no suelen estallar; se pudren. Un malentendido en un chat se convierte en una suposición, la suposición en una creencia y la creencia en un rencor que paraliza la colaboración.

Protocolo de Desescalada:

- **La Regla de los Dos Mensajes:** Si después de dos intercambios escritos el desacuerdo persiste o la tensión sube, queda terminantemente prohibido seguir escribiendo. Es el momento de la llamada de voz o vídeo. El texto no tiene tono, y el cerebro humano tiende a ponerle el tono más agresivo posible cuando está estresado.

- **Ataca el Problema, no a la Persona:** Usa el lenguaje del coaching. No digas "Has entregado esto tarde". Di: "Me preocupa que el retraso en esta entrega afecte al resto del equipo, ¿qué podemos hacer para que no vuelva a ocurrir?".

- **Escucha Activa Radical:** En un conflicto por vídeo, deja que el otro hable hasta que termine. No interrumpas. Parafrasea lo que ha dicho: "Entonces, lo que me estás diciendo es que te sientes sobrepasado por el volumen de tareas, ¿es así?". Sentirse escuchado es el 50% de la solución de cualquier conflicto.

7. Colaboración vs. Coordinación: No te confundas

Mucha gente cree que colaborar es enviarse archivos y usar un calendario compartido. Eso es coordinación, y es lo mínimo que se espera de un grupo de adultos funcionales. La **Colaboración** es otra cosa.

Colaborar es sumar mentes para crear algo que ninguno podría haber hecho solo. Y para que eso ocurra en remoto, necesitas espacios de "caos creativo".

- **Sesiones de Lluvia de Ideas (Brainstorming):** No las hagas rígidas. Usa pizarras virtuales (como Miro o Mural) donde todos puedan volcar ideas de forma anárquica antes de poner orden.
- **Fomentar la Discrepancia:** Si todo el mundo dice "sí", a todo lo que propones, tienes un equipo inútil. Fomenta que te lleven la contraria. La inteligencia colectiva nace del choque de ideas, no de la sumisión.

8. El Líder como Facilitador, no como Cuello de Botella

En la oficina tradicional, el jefe solía ser el paso obligatorio para todo. En el teletrabajo, ese modelo es un suicidio. Si todo tiene que pasar por ti, el equipo se detiene cada vez que tú te vas a entrenar o tienes una sesión de coaching.

Tu objetivo como Maestro del Liderazgo es volverte prescindible. Sí, has leído bien. Un buen líder es el que ha creado un sistema tan robusto y un equipo tan autónomo que las cosas funcionan igual de bien cuando él no está.

- **Documentación:** Crea una cultura de "escribirlo todo". Procesos, dudas frecuentes, guías de estilo. Que la información sea pública para el equipo.
- **Delegación Real:** Delegar no es dar tareas; es dar responsabilidades. Deja que se equivoquen. El error es el precio de la maestría. Si no dejas que fallen, nunca aprenderán a volar solos.

9. La Reunión Perfecta: Menos es Más

Ya hablamos de la fatiga de Zoom. Pero como líder, tú eres el guardián del tiempo de los demás. Cada vez que convocas a cinco personas a una reunión de una hora que "podría haber sido un email", estás tirando a la basura cinco horas de productividad de la empresa. Es un robo, aunque no lo parezca.

El Decálogo de la Reunión Maestra:

1. **¿Es necesaria?:** Si no hay que tomar una decisión o debatir algo complejo, no la hagas.
2. **Agenda Previa:** Nadie entra en la reunión sin saber de qué vamos a hablar.
3. **Participantes Mínimos:** Solo los que tengan algo que aportar o que se vean afectados directamente.
4. **Puntualidad Estoica:** Empezamos a la hora, aunque falte gente. Terminamos a la hora, aunque no hayamos acabado. La disciplina del tiempo es respeto por los demás.
5. **Acta de Acuerdos:** Al terminar, un mensaje rápido con: "¿Qué hemos decidido?", "¿Quién hace qué?" y "¿Para cuándo?". Si no hay acciones siguientes, la reunión ha sido una tertulia de café, no trabajo.

10. Cultura de Equipo en la Nube: ¿Cómo crear mística sin oficina?

La "cultura" no son los futbolines ni la fruta gratis en la cocina. La cultura es "cómo hacemos las cosas aquí cuando nadie nos mira". Crear cultura en remoto es un ejercicio de repetición de valores.

- **Valores en Acción:** No pongas una lista de valores en la web. Vívelos. Si uno de tus valores es la "honestidad", sé el primero en admitir un error delante de todos.
- **Historias Compartidas:** Celebrad los éxitos, por pequeños que sean. Cread una narrativa de "nosotros". "Os acordáis de aquel cliente que nos volvió locos y cómo lo sacamos adelante entre todos...". Eso crea identidad de tribu.

11. Ironía y Realidad: El Jefe en Calzoncillos

No perdamos la perspectiva. Liderar en remoto tiene su punto cómico. Todos hemos tenido esa reunión seria donde, de fondo, se oye a alguien gritando que se ha acabado el papel higiénico o un gato cruza la pantalla con elegancia suprema.

Usa el humor. El humor es el lubricante social por excelencia. No intentes ser un líder de mármol, perfecto e inalcanzable. Sé humano. Si tu perro ladra en medio de un discurso motivador, ríete. Esa cercanía rompe las barreras del cristal y hace que tu equipo te vea como alguien a quien vale la pena seguir, no porque tengas un título, sino porque eres uno de los suyos.

Resumen para el Maestro que Lidera y Colabora

Pasar de ser una isla a ser un nodo de poder requiere un cambio de mentalidad radical.

- **Sustituye el control por la confianza:** Mide resultados, no minutos.
- **Establece un Contrato Social:** Claridad absoluta en las reglas de juego digitales.
- **Humaniza la pantalla:** Fomenta la seguridad psicológica y el vínculo emocional.
- **Lidera con el ejemplo estoico:** Sé la calma en la tormenta y la disciplina en el caos.
- **Gestiona los conflictos de frente:** Sal del texto en cuanto aparezca la tensión.
- **Vuélvete prescindible:** Documenta y delega para que el equipo brille por sí solo.

Recuerda que, al final del día, el teletrabajo es una herramienta para la libertad. Y la libertad se disfruta más cuando se comparte con personas en las que confías y que confían en ti. No seas un jefe; sé un mentor. No seas un compañero; sé un aliado.

¿Cómo te sientes ahora? ¿Te has dado cuenta de que quizá estabas intentando controlarlo todo demasiado o, por el contrario, te habías desconectado emocionalmente de los tuyos? Tómate un momento para pensar en una persona de tu equipo o un colaborador con el que la comunicación no fluya bien. Mañana, no le mandes un Slack. Llámale. Dile "Hola, solo quería saber cómo estás". Esa llamada puede valer más que mil aplicaciones de productividad.

En la tercera y última parte de este libro, vamos a bajar al barro de la mentalidad de alto rendimiento. Vamos a hablar de cómo mantener la motivación cuando la "chispa" se apaga y cómo desarrollar la resiliencia necesaria para triunfar en esta era de cambio constante.

Prepárate, que vamos a por el **Capítulo 7: Coaching para la Mentalidad (Mindset)**. El juego mental es el que decide quién gana la partida a largo plazo.

¿Seguimos? ¡Al lío!

PARTE 3: COACHING PARA LA MENTALIDAD (MINDSET)

CAPÍTULO 7: El Juego Mental

Motivación y Resiliencia en la Soledad del Maestro

Llegamos al núcleo duro. Si este libro fuera un entrenamiento con pesas —y ya sabes que me gusta esa analogía—, hasta ahora hemos estado aprendiendo la técnica, ajustando las máquinas y eligiendo el gimnasio adecuado. Pero ahora, amigo mío, es cuando toca cargar la barra con discos pesados y descubrir de qué estás hecho realmente.

Puedes tener el sistema de Notion más sofisticado del planeta, una silla ergonómica de mil euros y una conexión a internet que ría de la NASA. Pero si un martes a las cuatro de la tarde, cuando el cielo está gris y el silencio de tu casa se te echa encima, tu mente empieza a susurrarte que "nada de esto vale la pena" o que "por un ratito de YouTube no pasa nada", todo lo anterior se desmorona como un castillo de naipes.

En el teletrabajo, el mayor enemigo no es la competencia, ni el mercado, ni siquiera ese cliente que parece disfrutar pidiendo cambios de última hora. El mayor enemigo está entre tus orejas. Es tu mentalidad. Como profesional del coaching, te aseguro que la diferencia entre el éxito y el agotamiento crónico no es el talento, sino la **gestión de tu estado interno**. Aquí es donde el teletrabajador se convierte en Maestro o se queda en un simple aficionado con pijama.

1. La Falacia de la Motivación: Por qué no puedes confiar en tus ganas

Empecemos con una verdad incómoda: la motivación es una traidora. Es esa amiga que siempre aparece en las fiestas cuando todo va bien, pero que desaparece misteriosamente cuando toca limpiar el salón a las cinco de la mañana.

Muchos teletrabajadores cometen el error de esperar a "sentirse motivados" para empezar la jornada o afrontar esa tarea difícil. Si haces eso, has entregado el volante de tu vida a un proceso químico volátil. La motivación es, esencialmente, un pico de dopamina. Y la dopamina, por definición, es efímera.

El Maestro del Teletrabajo no vive de la motivación; vive del **compromiso**.

- **La Motivación** es una emoción. Depende de si has dormido bien, de si el café está rico o de si te han dado un "like" en redes sociales. Es inconstante.
- **El Compromiso** es una decisión. Es lo que haces cuando no tienes ganas. Es el músculo que se entrena.

El enfoque estoico: Marco Aurelio no se levantaba cada mañana en medio de una campaña militar pensando: "¡Qué motivado estoy para gobernar un imperio en crisis!". Probablemente se decía: "Me levanto para hacer el trabajo de un hombre". En el teletrabajo, tu éxito depende de tu capacidad para ignorar tus "ganas" momentáneas y honrar tu palabra. Si dijiste que a las 9:00 estarías frente al teclado, a las 9:00 estás, aunque sientas que tienes el cerebro hecho de algodón.

2. Neurociencia de la Automotivación: Entendiendo al "Mono"

Ya hemos hablado del "Mono con platillos" (tu sistema límbico) y del "Ejecutivo" (tu corteza prefrontal). En la soledad de tu casa, el Mono se siente muy poderoso. Sin la presión social de una oficina, el Mono te dirá: "¿Para qué vas a esforzarte ahora si nadie te ve?".

Tu cerebro busca el camino de menor resistencia. En el teletrabajo, las recompensas baratas están a un clic de distancia. Para hackear esto, necesitas entender la **Economía de la Dopamina**. Si empiezas el día revisando redes sociales o noticias negativas, agotas tu reserva de dopamina en "basura". Cuando intentas ponerte con una tarea importante pero tediosa, tu cerebro se rebela porque ya ha tenido su dosis de placer sin esfuerzo.

Estrategia de Maestro: Practica el "Ayuno de Dopamina" durante las primeras horas de trabajo. No le des premios al Mono antes de que haya hecho su tarea. El trabajo profundo genera una dopamina de alta calidad (satisfacción por el logro), pero requiere un esfuerzo inicial. Si superas los primeros 15 minutos de resistencia, el flujo llegará.

3. La Resiliencia Estoica: El Escudo contra la Incertidumbre

La resiliencia no es aguantar el golpe como un saco de boxeo; es la capacidad de usar el golpe para impulsarte. En el teletrabajo, habrá días de "caída libre": internet falla, un proyecto se cancela, o simplemente te sientes profundamente solo.

La "Premeditatio Malorum" (Premeditación de los males)

Esta técnica estoica consiste en visualizar los peores escenarios posibles. No para ser un amargado, sino para quitarles el poder del factor sorpresa. Si ya has aceptado mentalmente que el Wi-Fi puede fallar o que un cliente puede ser injusto, cuando ocurra, no te pillará desprevenido. Tu respuesta no será de pánico, sino de ejecución. "Vale, esto ha pasado. ¿Cuál es el siguiente paso?". La resiliencia nace de la aceptación de la realidad, no de la queja.

El "Amor Fati" en el Salón

Ama lo que ocurre. Si hoy tienes un día horrible donde nada sale, en lugar de fustigarte, piensa: "¿Qué puedo aprender de este caos?". Quizá necesites mejorar tu sistema de copias de seguridad, o quizá necesites descansar más. El Maestro ve cada contratiempo como un dato, no como una tragedia personal.

4. La Gestión de la Soledad: El Peso del Silencio

No nos engañemos: el teletrabajo es solitario. Puedes pasar días sin tener una conversación significativa con otro adulto. Esta falta de "eco" social puede minar tu motivación. El ser humano necesita validación y contraste.

El peligro de la "Cámara de Eco" Mental: Cuando estás solo, tus pensamientos negativos tienden a amplificarse. Un pequeño error se convierte en un desastre en tu cabeza porque no hay nadie que te diga: "Oye, no es para tanto, vamos a por un café".

Acciones de Coaching para la soledad:

- **Busca "Espejos" Externos:** Ten un grupo de Mastermind o un colega con el que hables 10 minutos al día para contrastar ideas.
- **La Narrativa Interna:** Vigila cómo te hablas. No seas el jefe maltratador que no serías con nadie más. Si te hablas con desprecio ("eres un vago", "no sirves para esto"), tu resiliencia será cero. Háblate como un mentor: exigente pero justo.

5. El Concepto de "Antifragilidad" (Nassim Taleb)

Como coach, me encanta este concepto. Lo frágil se rompe con el estrés (una copa de cristal). Lo robusto aguanta el estrés (una piedra). Lo **antifrágil** mejora con el estrés (tus músculos cuando entrenas con pesas).

El teletrabajo es el entorno ideal para desarrollar una mentalidad antifrágil. Cada vez que resuelves un problema técnico solo, cada vez que gestionas una crisis sin tener al jefe al lado, cada vez que superas una racha de desmotivación, te vuelves más fuerte. No solo aguantas; evolucionas. Deja de buscar la comodidad absoluta. La comodidad es el caldo de cultivo de la fragilidad. Busca el reto, busca la dificultad, porque ahí es donde reside tu crecimiento.

6. La Trampa del Perfeccionismo y el Síndrome del Impostor

En casa, sin feedback constante, el Síndrome del Impostor campa a sus anchas. "¿Soy tan bueno como creo?", "¿Y si se dan cuenta de que no sé lo que hago?". Esto lleva a un perfeccionismo paralizante: revisar el mismo párrafo cincuenta veces.

Ironía Maestra: El perfeccionismo no es buscar la excelencia; es miedo al juicio. Pero en el teletrabajo, el juicio es diferido, lo que aumenta la ansiedad. Aplica la regla del "80% es suficiente para lanzar". Recuerda que la excelencia es un proceso iterativo. Lanza, falla rápido, corrige y sigue. La resiliencia se construye sobre la base de permitirte ser imperfecto mientras avanzas hacia la maestría.

7. Rituales de Mentalidad de Alto Rendimiento

Tu mente necesita "anclas". Al igual que entrenas tu cuerpo, tienes que entrenar tu mentalidad cada mañana.

1. **La Visualización del Proceso:** No visualices solo el éxito (el dinero en la cuenta). Visualiza el esfuerzo. Visualízate a ti mismo concentrado, superando distracciones y terminando la tarea. Eso prepara a tu cerebro para la acción real.

2. **El Diario de Victorias:** Al final del día, escribe tres cosas que hayas hecho bien. El cerebro humano tiene un sesgo de negatividad (recuerda mejor lo malo para sobrevivir). Tienes que forzarlo a reconocer lo bueno para mantener la moral alta.

3. **La Lectura Inspiradora:** Dedica 15 minutos a leer a los clásicos o libros de desarrollo personal que te reten. Alimenta tu mente con pensamientos de calidad, no con el "fast food" de las redes sociales.

8. Gestión del Estrés y la Ansiedad: El Freno de Mano del Maestro

El estrés en el teletrabajo suele ser de baja intensidad pero de larga duración (estrés crónico). Es el goteo constante de las notificaciones y la sensación de que "siempre hay algo por hacer".

Técnicas de Descompresión:

- **Respiración Cuadrada:** Inhala en 4, mantén en 4, exhala en 4, mantén en 4. Hazlo tres veces. Le estás enviando una señal bioquímica a tu sistema nervioso de que no hay ningún león persiguiéndote. Es fisiología pura.

- **El "Vaciado de Cerebro":** Si la ansiedad no te deja dormir o trabajar, escribe todo lo que te preocupa. Ponerlo sobre el papel lo saca de la zona de "alarma" de tu cerebro y lo lleva a la zona de "resolución".

9. La Autodisciplina como Acto de Amor Propio

A menudo vemos la disciplina como un castigo, como algo rígido y frío. Yo te propongo una visión diferente: la autodisciplina es la forma más alta de amor propio. Cuando eres disciplinado, estás cuidando de tu "yo" del futuro. Estás evitando que el "yo" de mañana se levante con ansiedad porque hoy no hiciste lo que debías. El Maestro es disciplinado no porque sea un robot, sino porque se respeta demasiado a sí mismo como para dejarse llevar por la mediocridad de un impulso momentáneo.

10. Resiliencia ante el Cambio Tecnológico

Este es un punto clave en el teletrabajo. Las herramientas cambian, la IA (como esta con la que estamos trabajando tú y yo ahora) evoluciona a una velocidad de vértigo. La mentalidad de "yo es que esto no lo entiendo" es el camino directo a la obsolescencia.

La resiliencia aquí se llama **Mentalidad de Aprendizaje Continuo**. No te frustres porque una herramienta sea difícil. Disfruta de la dificultad. Como diría un estoico: "El obstáculo es el camino". Si te cuesta aprender algo nuevo, es señal de que estás creciendo. El aburrimiento es el verdadero peligro, no la dificultad.

Resumen para el Maestro del Mindset

El teletrabajo es, en última instancia, un viaje espiritual y mental. Es la prueba definitiva de quién eres cuando nadie te mira.

- **No esperes a la motivación:** Construye sistemas y compromisos.
- **Hackea tu dopamina:** Protege tus mañanas de las distracciones baratas.
- **Sé antifrágil:** Usa cada problema como combustible para tu evolución.
- **Vigila tu diálogo interno:** Sé tu mejor mentor, no tu peor verdugo.
- **Entrena tu resiliencia:** Acepta lo que no controlas y actúa con furia sobre lo que sí.

Recuerda, que tu carrera profesional es un maratón, no un sprint. Habrá momentos en los que querrás abandonar, pero es precisamente en esos momentos donde se forja el carácter del Maestro. La maestría no es la ausencia de dudas, es la capacidad de seguir caminando a pesar de ellas.

¿Cómo está tu mente ahora mismo? ¿Sientes ese pequeño fuego interno de quien sabe que tiene el control de su destino? Mantén esa llama viva.

En el próximo capítulo, vamos a dar un paso más allá y vamos a hablar de cómo llevar toda esta maestría al largo plazo. Vamos a hablar de la **Estrategia de Carrera y el Futuro del Trabajo**, para que no solo seas un maestro hoy, sino que seas el líder de tu sector mañana.

Venga, respira hondo. El juego mental es tuyo. ¡Vamos a por ello!

CAPÍTULO 8: Estrategia de Carrera y Futuro del Trabajo

De superviviente a líder en la era global

Si has llegado hasta aquí, ya no eres el mismo que empezó a leer este libro. Has pasado por el barro del autoconocimiento, has puesto orden en tu caos horario, has levantado murallas entre tu salón y tu oficina, y has empezado a dominar ese juego mental que separa a los maestros de los aficionados. Pero ahora, (y me dirijo a ti, lector, porque a estas alturas ya sabes que hablamos de tú a tú), tenemos que levantar la vista del teclado y mirar al horizonte.

Porque, seamos realistas: el teletrabajo no es una moda pasajera, ni un "parche" que pusieron las empresas para salir del paso. Es un cambio de paradigma total en la historia de la humanidad. Estamos viviendo una revolución similar a la industrial, pero con la diferencia de que esta ocurre dentro de nuestras casas y a la velocidad de la luz.

¿Cuál es el problema? Que la mayoría de la gente está intentando jugar al juego del siglo XXI con las reglas del siglo XX. Siguen pensando en "puestos de trabajo", en "subir el escalafón" y en "esperar a que el jefe les diga qué hacer". Si tú haces eso, estás condenado a la irrelevancia. En el futuro del trabajo, o eres el arquitecto de tu propia carrera o serás simplemente un recurso fácilmente sustituible por una IA o por alguien en la otra punta del mundo que cobra la mitad que tú.

Como profesional del coaching, mi misión en este capítulo es darte las llaves del reino. Vamos a hablar de estrategia, de visibilidad y de cómo convertirte en una figura imprescindible en un mercado que ya no tiene fronteras.

1. La Visibilidad Digital: Si no se ve, no existe

En la oficina tradicional, la visibilidad era fácil. Solo tenías que estar allí, pasear con una carpeta debajo del brazo, saludar en el ascensor y poner cara de estar muy concentrado cuando pasaba el jefe. Era la "productividad por presencia". Pero en el teletrabajo, eres invisible. Si solo te limitas a entregar tus tareas por correo, para tu empresa o tus clientes eres poco más que un nombre en una base de datos.

El peligro de la "invisibilidad del experto"

Puedes ser el mejor en lo tuyo, el que más sabe de Excel o el diseñador más creativo del continente, pero si nadie lo sabe, no tienes poder. En remoto, la visibilidad no se basa en estar, sino en **aportar valor de forma pública y constante.**

- **Crea tu Marca Personal:** Y no me refiero a que te conviertas en un "influencer" de esos que bailan en TikTok. Me refiero a que dejes una huella digital que diga quién eres y qué problemas resuelves.

- **Comunica tus logros:** No esperes a la evaluación anual. Comparte aprendizajes, soluciones que has encontrado a problemas difíciles o mejoras que has implementado. Usa los canales del equipo o tus redes profesionales (como LinkedIn) para que el mundo sepa que estás ahí y que estás activo.

- **Sé el "referente" de algo:** Especialízate. En un mundo global, ser "un poco de todo" es ser "nada de nada". Encuentra ese nicho donde eres el mejor y haz que tu nombre sea sinónimo de esa solución.

2. Lifelong Learning: El Aprendizaje como Estilo de Vida

La formación ya no es algo que haces a los veinte años y te sirve para toda la vida. Hoy en día, las habilidades técnicas tienen una fecha de caducidad más corta que un yogur. Lo que aprendiste hace tres años hoy puede estar obsoleto.

Como Coach, siempre insisto en que la mayor ventaja competitiva no es lo que sabes, sino **lo rápido que puedes aprender algo nuevo**.

- **Curiosidad Insaciable:** Dedica una parte de tu semana (bloquéalo en tu calendario, como vimos en el capítulo 2) al estudio. Lee libros, haz cursos, experimenta con nuevas herramientas.

- **Aprende lo que no se puede automatizar:** La técnica la hará la IA pronto. Lo que el mercado pagará a precio de oro son las "Habilidades Blandas" (que de blandas no tienen nada): el pensamiento crítico, la resolución de conflictos complejos, la creatividad y, sobre todo, la inteligencia emocional.

- **Diversifica tu conocimiento:** No leas solo de lo tuyo. Si eres programador, lee sobre estoicismo. Si eres contable, lee sobre marketing. La innovación ocurre en la intersección de ideas que parecen no tener relación.

3. Networking 2.0: Construir Tribu sin Máquina de Café

¿Recuerdas lo que dijimos sobre el lobo solitario? Olvídalo. Tu red de contactos es tu seguro de vida. En el teletrabajo, el networking requiere un esfuerzo consciente. Ya no hay encuentros fortuitos en el pasillo, así que tienes que "fabricar" esos encuentros.

Cómo crear una red de poder desde tu sofá:

1. **Aporta antes de pedir:** El networking no es ir repartiendo tarjetas (o enlaces de LinkedIn) pidiendo favores. Es buscar a quién puedes ayudar tú. Comparte un artículo interesante, presenta a dos personas que puedan colaborar, da feedback constructivo. Cuando aportas valor, la red se construye sola.

2. **Entrevistas de Información:** Si admiras a alguien o quieres aprender de un sector, pídeles 15 minutos de videollamada para hacerles un par de preguntas específicas. Te sorprendería lo mucho que a la gente le gusta hablar de su experiencia si se lo pides con respeto y educación.

3. **Comunidades de Práctica:** Únete a grupos, foros o comunidades de profesionales que compartan tus intereses. Sé activo, participa, ayuda. Ahí es donde se cuecen las oportunidades antes de que salgan a la luz.

4. La Carrera como Proyecto: Tú eres una S.L.

Deja de pensar como un empleado y empieza a pensar como un **proveedor de servicios.** Incluso si tienes una nómina a final de mes, tu mentalidad debe ser la de un consultor independiente cuyo único cliente es su empresa actual.

¿Por qué? Porque eso te da el control. Si piensas como empleado, estás a merced de lo que decida otro. Si piensas como "Tú, S.L.", estás constantemente buscando cómo mejorar tu producto (tú mismo) y cómo ser más rentable.

- **Identifica tus KPIs:** ¿Cómo mides tu propio éxito? ¿Es solo el sueldo? ¿Es el tiempo libre? ¿Es la calidad de los proyectos? Define tus propios indicadores y revísalos cada trimestre.
- **Ten un "Plan B" siempre encendido:** No se trata de ser desleal, se trata de ser inteligente. Mantén tu currículum y tu perfil de LinkedIn actualizados. Sigue haciendo entrevistas de vez en cuando para conocer tu valor de mercado. Como decía mi abuelo, "el mejor momento para buscar trabajo es cuando ya tienes uno".

5. Estoicismo y Carrera: El Arquero y la Diana

Aquí es donde volvemos a nuestros amigos estoicos. En el mercado laboral hay una cantidad ingente de factores que no controlas: crisis económicas, despidos masivos, cambios tecnológicos radicales... Si pones tu felicidad en los resultados externos (un ascenso, un aumento de sueldo, el reconocimiento del jefe), vas a vivir en una montaña rusa emocional.

La metáfora del arquero: Un arquero estoico hace todo lo que está en su mano para acertar: entrena su fuerza, cuida su arco, estudia el viento y apunta con toda su alma. Pero una vez que suelta la flecha, el resultado ya no depende de él. Una ráfaga de viento repentina o el movimiento del blanco pueden hacer que falle. El arquero estoico se siente satisfecho si ha tirado bien, independientemente de si da en el blanco o no.

En tu carrera:

- **Lo que controlas:** Tu formación, tu ética de trabajo, tu actitud, cómo tratas a tus compañeros, tu organización.
- **Lo que NO controlas:** Si la empresa decide cerrar tu departamento o si promocionan a otro en tu lugar.

Si te enfocas en la excelencia de tu "tiro", dormirás tranquilo. Y paradójicamente, cuanto más te enfocas en el proceso y menos en el resultado, más probabilidades tienes de dar en la diana.

6. Inteligencia Artificial: Tu nuevo becario (o tu peor pesadilla)

No podemos hablar del futuro del trabajo sin mencionar la IA. Hay dos tipos de personas ahora mismo: las que tienen miedo de que la IA les quite el trabajo y las que están aprendiendo a usar la IA para hacer su trabajo en la mitad de tiempo.

Adivina cuál de los dos es el Maestro.

La IA no es un enemigo, es una **exprotesis cognitiva.** Es una herramienta que amplifica tus capacidades.

- **Aprende a "promptear":** Saber hablarle a una IA es la nueva alfabetización. Es saber delegar tareas tediosas (resumir, buscar datos, estructurar ideas) para que tú puedas centrarte en lo que aporta valor real: el criterio, la estrategia y la humanidad.
- **No compitas con la máquina:** Si tu trabajo consiste en seguir instrucciones repetitivas, estás en peligro. Si tu trabajo consiste en tomar decisiones basadas en la experiencia, la empatía y la intuición, la IA solo te hará más fuerte.

7. El Liderazgo del Futuro: Liderar sin Jerarquía

El futuro del trabajo es plano. Las jerarquías piramidales están muriendo porque son demasiado lentas para el mundo digital. El liderazgo que viene no se basa en el cargo que pone en tu tarjeta, sino en tu **Autoridad Moral** y tu capacidad de influencia.

- **Liderazgo Lateral:** Aprende a movilizar a personas que no dependen de ti. ¿Cómo? A través de la persuasión, la visión compartida y la ayuda mutua.
- **Mentoring:** Conviértete en el mentor de alguien. Ayudar a otros a crecer es la mejor forma de consolidar tu propio conocimiento y de crear una red de aliados leales para el futuro.
- **Autoliderazgo:** No puedes liderar a otros si no te lideras a ti mismo. Lo que hemos visto en todo este libro es, en esencia, un

manual de autoliderazgo. Si eres capaz de mantener tu disciplina y tu ética en la soledad de tu casa, estás preparado para liderar cualquier cosa.

8. La Geopolítica del Salón: Compitiendo con el Mundo

Cuando teletrabajas, tu competencia ya no es el tipo que se sienta a tu lado. Tu competencia es un ingeniero en Bangalore, un diseñador en Buenos Aires y un consultor en Berlín. Todos a un clic de distancia.

Esto puede asustar, pero también es una oportunidad increíble. Por primera vez en la historia, puedes vivir en un pueblo de Asturias y trabajar para una empresa en Silicon Valley.

- **El idioma es la llave:** Si no hablas inglés, estás limitando tu mercado al 10% del potencial. No hace falta que seas Shakespeare, pero sí que seas funcional. Es la mejor inversión que puedes hacer.
- **Cultura Global:** Aprende a trabajar con gente de diferentes culturas. Entiende sus tiempos, su forma de comunicarse, sus valores. La adaptabilidad cultural es una superpotencia en el teletrabajo.

9. El Fin del "Trabajo" tal como lo conocemos

Prepárate para un futuro donde lo normal no será tener un solo trabajo de 40 horas a la semana durante 40 años. Vamos hacia una economía de proyectos (*Gig Economy* de alto nivel). Tendrás varios "flujos de ingresos": un contrato a tiempo parcial con una empresa, un proyecto de consultoría para otra, y quizá un pequeño negocio online propio. Esto da miedo porque quita la "seguridad" aparente del contrato indefinido, pero da una seguridad real mucho mayor: **la diversificación**. Si una fuente de ingresos falla, tienes las otras.

Como Coach, te digo: empieza a construir tus propios "activos intelectuales". Escribe, crea contenido, desarrolla productos. Que tu conocimiento trabaje por ti mientras duermes. Eso es la verdadera maestría.

10. La Ética del Maestro en el Futuro Digital

Terminamos este bloque con una reflexión sobre la integridad. En un mundo donde todo es digital y a veces parece etéreo, la palabra dada es más importante que nunca.

- **Honestidad Radical:** Si no vas a llegar a un plazo, dilo antes. Si has cometido un error, admítelo. La confianza tarda años en construirse y segundos en destruirse por un mensaje de Slack malintencionado.

- **Humanidad:** No dejes que la tecnología te convierta en un cínico. Detrás de cada avatar hay una persona. Mantén la cercanía, la ironía amable y el respeto. Ese toque humano será lo único que nos diferencie de las máquinas en unos años.

Resumen para el Estratega del Mañana

El futuro no es algo que te sucede, es algo que tú creas con las decisiones que tomas hoy frente a tu pantalla.

- **Hazte visible:** No seas el secreto mejor guardado de tu empresa.
- **Nunca dejes de aprender:** Tu curiosidad es tu mayor activo.
- **Piensa como "Tú, S.L.":** Gestiona tu carrera como un negocio rentable y diversificado.
- **Abraza la tecnología:** Usa la IA como tu becario de lujo.
- **Enfócate en lo que controlas:** Sé un arquero estoico de tu propia carrera.

¿Cómo ves tu futuro ahora? Espero que no con miedo, sino con el hambre del que sabe que tiene todas las herramientas para conquistar el mundo sin quitarse las zapatillas de casa (o sí, tú eliges).

Querido lector, hemos recorrido un camino largo. Hemos transformado tu forma de trabajar, de pensar y de proyectarte al mundo. Pero antes de terminar, vamos a asentar todos estos conceptos para que no se los lleve el viento de la rutina.

En la siguiente sección, vamos a encontrar el **Glosario**, para que tengas siempre a mano los términos clave que hemos tratado. Después, hablaremos un poco más de quién soy yo y por qué me importa tanto tu progreso en el capítulo **Sobre el Autor**. Y cerraremos con una **Bibliografía** técnica para que sigas profundizando.

Pero antes de pasar página, hazme un favor. Cierra los ojos un momento. Imagina tu vida profesional dentro de dos años si aplicas solo el 20% de lo que hemos visto aquí. ¿Sientes la diferencia? Esa sensación de control, de paz y de propósito es la que te mereces.

Ahora, vamos a cerrar el círculo.

GLOSARIO

El Diccionario del Maestro del Teletrabajo

Hemos recorrido un camino intenso. Pero como todo buen estratega sabe, las palabras son armas, y si no conocemos bien el filo de nuestras herramientas, acabaremos cortándonos nosotros mismos. En este glosario no vas a encontrar definiciones aburridas de diccionario académico; vas a encontrar conceptos vivos, analizados desde la trinchera del coaching y la sabiduría estoica, diseñados para que los integres en tu ADN profesional.

Aquí tienes los términos fundamentales que separan al "aficionado que trabaja en casa" del verdadero **Maestro del Teletrabajo**.

- **Aislamiento Digital:** No es solo estar solo; es la desconexión emocional y social que surge cuando nuestras únicas interacciones son a través de píxeles. El aislamiento digital es el veneno silencioso del teletrabajo que eleva el cortisol y erosiona la empatía. Combatirlo no es una opción, es una necesidad biológica para mantener la cordura y la eficacia.
- **Amor Fati:** Expresión latina que significa "amor al destino". Es la piedra angular del estoicismo. No se trata de resignarse, sino de aceptar y abrazar todo lo que ocurre (incluyendo que se caiga el

Wi-Fi en plena reunión) como una oportunidad para practicar la virtud. Si amas lo que sucede, nada puede derrotarte.

- **Autodisciplina Consciente:** A diferencia de la disciplina impuesta por un jefe, la autodisciplina consciente nace del respeto por uno mismo. Es la capacidad de elegir lo que es importante para tu "yo" del futuro por encima de lo que le apetece a tu "yo" del presente. Es el acto de amor propio más alto que un profesional puede ejercer.

- **Batching (Agrupación de tareas):** Técnica de productividad que consiste en agrupar tareas similares para realizarlas en un mismo bloque de tiempo. ¿Por qué? Porque el cerebro gasta una energía brutal cada vez que cambia de contexto. Agrupar los correos, las llamadas o la edición de documentos ahorra glucosa cerebral y evita que termines el día con el cerebro hecho puré.

- **Burnout (Síndrome del trabajador quemado):** Estado de agotamiento físico, mental y emocional causado por un estrés crónico y una falta de límites. En el teletrabajo, el burnout es un riesgo mayor porque la oficina nunca cierra. No es una medalla de honor por trabajar mucho; es una señal de que has fallado estrepitosamente en la gestión de tu recurso más valioso: tú mismo.

- **Coaching (Profesional del):** Proceso de acompañamiento reflexivo y creativo que inspira a maximizar el potencial personal y profesional. En este libro, el coaching no es teoría; es el arte de hacerte las preguntas incómodas que te obligan a dejar de poner excusas y empezar a poner soluciones. No te doy las respuestas; te ayudo a que dejes de mentirte a ti mismo.

- **Cronotipo:** Tu configuración biológica interna que determina tus picos de energía y sueño. Saber si eres una alondra (madrugador), un búho (nocturno) o un colibrí (intermedio) es la diferencia entre trabajar con el viento a favor o estar constantemente remando contra corriente. Ignorar tu cronotipo es el camino más corto hacia la mediocridad y el cansancio crónico.

- **Corteza Prefrontal:** La parte del cerebro encargada de las funciones ejecutivas: planificación, toma de decisiones y control de impulsos. Es el "Ejecutivo" de tu mente. En el teletrabajo, esta zona es la que más sufre por la sobrecarga de decisiones. Proteger tu corteza prefrontal es vital para no terminar el día decidiendo la cena a cara o cruz porque ya no puedes pensar más.

- **Deep Work (Trabajo Profundo):** Concepto que define la capacidad de concentrarse sin distracciones en una tarea cognitivamente exigente. Es el estado donde se crea el valor real. En un mundo de notificaciones constantes, el Trabajo Profundo es una superpotencia. Si no eres capaz de estar 90 minutos enfocado, eres un trabajador sustituible.

- **Dicotomía del Control:** El principio estoico más potente: distinguir entre lo que depende de ti (tus pensamientos, tus acciones, tu esfuerzo) y lo que no (el clima, las decisiones de otros, la economía). El Maestro solo se preocupa por lo primero.

Preocuparse por lo segundo es una pérdida de tiempo y una fuente de ansiedad innecesaria.

- **Dopamina:** Neurotransmisor del placer y la recompensa. El problema en el teletrabajo es la "dopamina barata" (redes sociales, comida basura, distracciones rápidas). El Maestro educa a su cerebro para buscar la "dopamina de alta calidad", que es la que se libera tras el esfuerzo y la consecución de objetivos difíciles.

- **Efecto Zeigarnik:** Tendencia del cerebro a recordar mucho más las tareas inacabadas que las completadas. Esto genera un ruido mental constante que consume recursos. La solución es tener un sistema de organización donde "captures" todo lo pendiente; así, tu cerebro se relaja sabiendo que la información está segura fuera de la cabeza.

- **Ergonomía Psicológica:** No solo se trata de tener una buena silla, sino de diseñar un entorno que envíe las señales correctas a tu mente. Un espacio de trabajo ordenado, con buena luz y libre de estímulos domésticos distractores, es la base física de la claridad mental. Tu mesa es el reflejo de tu mente; si tu mesa es un caos, no me vendas que tus ideas son claras.

- **Estoicismo:** Filosofía práctica que busca la eudaimonía (felicidad o plenitud) a través de la virtud y la razón. No es aguantar el dolor sin más; es aprender a vivir con serenidad en un mundo que no puedes controlar. En el teletrabajo, el estoicismo es el sistema operativo del éxito.

- **Fatiga de Decisión:** El agotamiento mental que surge tras tomar demasiadas decisiones, incluso las triviales. Cada vez que decides si respondes un mail ahora o luego, gastas energía. El Maestro automatiza y crea rutinas para reducir las decisiones y guardar el "fuego mental" para lo que de verdad importa.

- **Flujo (Estado de Flow):** Estado mental de inmersión total en una actividad donde el tiempo parece desaparecer y el rendimiento es máximo. Es la cumbre de la productividad humana. Solo se alcanza cuando el reto es adecuado a tus habilidades y las distracciones son cero. Es el éxtasis del trabajador del conocimiento.

- **Gestión de la Energía:** Filosofía que sostiene que el tiempo es finito, pero la energía no. Trabajar ocho horas no significa nada si las últimas cuatro las pasas mirando una mosca. El Maestro gestiona sus picos de energía, alterna periodos de intensidad con periodos de recuperación y sabe cuándo es más productivo descansar que seguir forzando.

- **Hiperconectividad:** Estado de estar constantemente "enchufado" a las redes y dispositivos. Es el cáncer de la atención. Estar disponible para todos en todo momento significa no estar presente para nada importante. La hiperconectividad destruye la capacidad de pensamiento profundo y genera una ansiedad latente insoportable.

- **Inteligencia Emocional:** La capacidad de reconocer, entender y gestionar nuestras propias emociones y las de los demás. En remoto, donde perdemos el contacto físico, la inteligencia emocional se vuelve crítica para detectar conflictos, motivar a otros y no caer en espirales de negatividad ante un silencio digital.

- **Kanban:** Sistema visual de gestión de trabajo que permite ver el flujo de las tareas. Ayuda a evitar la sobrecarga al limitar el trabajo en proceso (*Work In Progress*). Ver cómo las tareas se mueven de "Pendiente" a "Hecho" es un bálsamo para la ansiedad y una herramienta de claridad brutal.

- **Ley de Parkinson:** *"El trabajo se expande hasta llenar el tiempo disponible para su realización"*. Si te das una semana para algo que se hace en dos horas, tardarás una semana. El Maestro usa esta ley a su favor poniéndose plazos cortos y artificiales para obligar a su cerebro a ser eficiente.

- **Ley de Pareto (80/20):** Principio que dice que el 80% de tus resultados provienen del 20% de tus acciones. La mayoría de lo que haces en el día es "grasa" que no aporta valor. El éxito consiste en identificar ese 20% de tareas críticas y dedicarles toda tu artillería, dejando el resto para cuando sobre tiempo (si es que sobra).

- **Límites Psicológicos:** Fronteras invisibles que establecemos para proteger nuestra intimidad y nuestro enfoque. Incluye decir "no" a interrupciones familiares, no mirar el correo fuera de horario y no permitir que el trabajo colonice los espacios de descanso. Sin límites, el teletrabajo es una prisión sin paredes.

- **Matriz de Eisenhower:** Herramienta para clasificar tareas según su importancia y urgencia. El Maestro evita el cuadrante de lo "Urgente pero No Importante" (el ruido de los demás) y se enfoca en lo "Importante pero No Urgente" (el crecimiento a largo plazo).

- **Mindset (Mentalidad):** El conjunto de creencias que determinan cómo procesas la realidad. Una "mentalidad de crecimiento" ve los retos como oportunidades de aprendizaje; una "mentalidad fija" los ve como amenazas. En el teletrabajo, tu mentalidad es el filtro que convierte un problema técnico en una tragedia o en una anécdota.

- **Multitarea (Mito de la):** El autoengaño de creer que podemos hacer dos cosas a la vez que requieran atención. Lo que hacemos en realidad es "conmutación de tareas", lo cual es ineficiente, genera errores y reduce el cociente intelectual de forma temporal. La multitarea es la forma más rápida de hacer muchas cosas mal.

- **Oxitocina Digital:** El desafío de generar el neurotransmisor del vínculo y la confianza a través de la pantalla. Requiere un esfuerzo consciente de empatía, reconocimiento y calidez en la comunicación escrita y en vídeo. Sin oxitocina, el equipo es solo un grupo de extraños trabajando para la misma empresa.

- **Pomodoro (Técnica):** Método de gestión del tiempo que alterna bloques de trabajo enfocado (usualmente 25 o 50 minutos) con breves descansos. Ayuda a mantener la agilidad mental y a combatir la procrastinación al hacer que la tarea parezca menos intimidante.

- **Procrastinación:** No es pereza; es una mala gestión de las emociones. Postergamos una tarea porque nos genera miedo, aburrimiento o inseguridad. El Maestro no lucha contra la procrastinación con fuerza de voluntad, sino con autoconocimiento y sistemas que bajen la barrera de entrada a la acción.

- **Resiliencia Antifrágil:** Concepto que va más allá de "aguantar". Es la capacidad de mejorar y fortalecerse gracias al estrés, la incertidumbre y los problemas. El teletrabajador antifrágil usa cada caída de sistema, cada cliente difícil y cada error propio como una lección que le hace más valioso en el mercado.

- **Ritual de Cierre:** Conjunto de acciones físicas y mentales que marcan el fin de la jornada laboral. Es el muro de contención que evita que el trabajo se filtre en tu vida personal. Sin un ritual de cierre claro, tu cerebro nunca descansa, y un cerebro que no descansa termina quemándose.

- **Sistema Límbico:** La parte "animal" y emocional de nuestro cerebro. Es el "Mono" que busca placer inmediato y huye del esfuerzo. En casa, el sistema límbico está sobreestimulado. Aprender a negociar con él, y no solo intentar aplastarlo, es clave para la armonía interna.

- **Objetivos SMART:** Metas que son Específicas, Medibles, Alcanzables, Relevantes y con un Tiempo definido. Sin objetivos SMART, estás disparando flechas al aire y esperando que alguna de en el blanco por pura suerte. El Maestro no cree en la suerte; cree en la puntería.

- **Trabajo Asíncrono:** Forma de trabajar donde la comunicación no ocurre en tiempo real. Permite que cada persona trabaje en su momento de máxima energía sin ser interrumpida por notificaciones constantes. Es la base de la libertad en el teletrabajo y requiere una escritura clara y precisa.

- **Time Blocking:** Técnica de organizar el día en bloques de tiempo cerrados para actividades específicas. Convierte el calendario en una declaración de intenciones. Si no bloqueas tu tiempo para lo importante, los demás lo bloquearán con sus urgencias.

SOBRE EL AUTOR

Llegados a este punto del libro, después de haber desgranado cada rincón de tu mente y de tu oficina improvisada, es probable que te estés preguntando quién es este tipo que te habla con tanta claridad, que no se corta al soltar verdades incómodas y que parece conocer tus excusas mejor que tú mismo. Pues bien, ha llegado el momento de que hablemos de mí, pero no para inflar mi ego —que ya tiene suficiente con los kilos que levanto por la mañana—, sino para que entiendas desde dónde te hablo y por qué mi compromiso con tu progreso es absoluto.

Soy José Ignacio Méndez. Pero, para ti, simplemente Jose. No me gustan las etiquetas pesadas ni los pedestales. Si me buscas en los registros oficiales, verás que soy Diamond Coach internacional, Master Coach por el INACEC y experto en Coaching avanzado por la UNED. Verás que llevo en esta "batalla" del desarrollo personal desde 1993. Pero los títulos son solo trozos de papel si no hay una vida que los sustente. Lo que realmente me define es mi trayectoria: más de tres décadas acompañando a personas, 25 libros publicados y 13 cursos online diseñados para transformar realidades, no solo para dar información.

El origen: De la curiosidad a la trinchera

Mi viaje en el mundo del coaching no empezó en una oficina de cristal, sino en la curiosidad insaciable por entender por qué algunas personas consiguen lo que se proponen mientras otras se quedan rumiando sus fracasos. En 1993, cuando empecé, el mundo era muy distinto. No había internet en el bolsillo, ni redes sociales, ni la inmediatez frenética que hoy nos consume. Pero la esencia humana era la misma: el miedo al cambio, la falta de foco y la necesidad de una brújula interna.

A lo largo de estos años, he visto de todo. He trabajado en sesiones presenciales en mi querida Asturias y en sesiones online con personas de todo el mundo. He formado a líderes, a equipos y a individuos que, como tú, buscaban ser dueños de su tiempo y de su destino. Mi método, que hoy conoces a través de mis libros y sistemas como "La brújula interior", no es fruto de la teoría académica —aunque el rigor profesional me acompaña siempre—, sino de la práctica pura y dura. Soy un profesional del coaching que cree más en los resultados que en las promesas.

El valor de las cicatrices: Una lección de resiliencia real

Te he hablado mucho de resiliencia y de estoicismo en estas páginas. Pero no lo hago de boquilla. La vida tiene una forma muy curiosa de ponernos a prueba para ver si de verdad nos creemos lo que enseñamos. En julio de

2025, mi vida dio un vuelco literal. Tuve un accidente grave de moto que me dejó con placas de metal y tornillos en la clavícula izquierda y en el antebrazo derecho.

Podría haber usado el accidente como una excusa para parar, para quejarme o para abandonar mis proyectos. Pero elegí aplicar lo que enseño. La rehabilitación ha sido (y es) un proceso duro, lento y, a veces, frustrante. Pero cada sesión de fisioterapia, cada centímetro de movilidad recuperado, ha sido una lección magistral de paciencia y voluntad. Mis placas no son solo metal; son el recordatorio de que la realidad es la que es, pero lo que hacemos con ella es lo que nos define.

Cuando te digo que te levantes después de un mal día, te lo digo porque sé lo que es tener que aprender a mover un brazo de nuevo. Cuando te hablo de disciplina, te lo digo porque sé lo que es entrenar cada mañana con pesas, cuidando la nutrición al detalle, para que el cuerpo sea el soporte de una mente fuerte. No soy un gurú que vive en una burbuja; soy un hombre que ha caído y se ha levantado, y que entiende que el dolor es inevitable, pero el sufrimiento es opcional.

El autor detrás de los 25 libros

¿Por qué escribir 25 libros? No es por vanidad. Escribo porque creo en la democratización del conocimiento. Cada libro que publico es una herramienta que lanzo al mundo para que alguien, en algún lugar, pueda encontrar la claridad que necesita. Escribo desde la cercanía, como si estuviéramos tomando ese café que te mencioné al principio. Evito la pedantería y el lenguaje robótico porque lo que necesito es que me entiendas, no que me admires.

Mis obras abarcan desde la gestión emocional hasta el liderazgo y, por supuesto, la maestría en el teletrabajo. Pero en todos ellos hay un hilo común: el respeto por el lector y la honestidad radical. No te voy a decir lo que quieres oír; te voy a decir lo que necesitas para crecer. Esa es mi marca personal y es lo que me ha permitido mantenerme en activo y relevante durante más de treinta años.

Un mentor con criterio y un toque de ironía

Si algo habrás notado es que no me tomo a mí mismo demasiado en serio, pero me tomo tu progreso muy en serio. Me gusta jugar con la ironía y el sarcasmo inteligente. Creo que el humor es la mejor forma de digerir las verdades más duras. Si podemos reírnos de nuestra tendencia a procrastinar o de nuestra adicción al móvil, ya le hemos quitado la mitad de su poder.

No esperes de mí consejos genéricos sobre "descansar mucho" o "dejar de esforzarte". Yo no soy tu madre ni tu médico. Soy tu mentor. Mi labor es recordarte que tienes un potencial enorme y que la mayoría de las veces eres tú mismo quien se pone las zancadillas. Te hablo con la cercanía de un amigo que conoce tu trayectoria, que se preocupa por tu progreso real y que no tiene miedo de darte un empujón cuando te quedas bloqueado.

Mi mundo hoy

Vivo en un equilibrio constante entre mi familia, mi entrenamiento y mi labor como profesional del coaching. Estoy casado con una mujer que es mi compañera de vida y mi apoyo fundamental. Mis hijos ya han volado del nido y son independientes, lo que me permite dedicar una gran parte de mi energía a seguir creando, a seguir escribiendo y a seguir acompañando a personas en sus procesos de cambio.

Mi día empieza temprano, con la disciplina del hierro en el gimnasio. Para mí, el entrenamiento no es solo estética; es higiene mental. Si soy capaz de dominar el peso de una barra, soy capaz de dominar el peso de mis pensamientos. Esa misma disciplina es la que aplico a mis 13 cursos online y a cada sesión de claridad estratégica que realizo.

¿Por qué quiero que me conozcas?

No escribo este apartado para que sepas cuántos diplomas tengo en la pared. Lo escribo porque el teletrabajo, la vida profesional y el desarrollo personal son procesos profundamente humanos. Necesitas saber que al otro lado de este libro hay alguien real, alguien con placas en los huesos y sueños en la cabeza, alguien que ha fracasado y ha tenido éxito, y que ha dedicado su vida a entender la brújula interior del ser humano.

Si sientes que este libro ha hecho que pienses más de lo debido, si crees que es el momento de dejar de dar vueltas y empezar a caminar con propósito, quiero que sepas que esto no tiene por qué terminar aquí. Mi ecosistema digital está diseñado para seguir apoyándote.

Te invito a que visites mi casa virtual. Allí encontrarás mis artículos del blog, información sobre mis sesiones de coaching personal y empresarial, y todo el catálogo de formación que he creado para personas que, como tú, no se conforman con lo mediocre.

Puedes encontrarme y contactar conmigo en:

www.joseignaciomendez.com

Allí tienes mi sala de videoconferencias, mi página de contacto y mi sistema garantizado de coaching. No busco seguidores; busco personas valientes dispuestas a hacerse cargo de su propia vida.

Gracias por permitirme ser parte de tu viaje. Gracias por confiar en mi voz y en mi experiencia. Ahora que ya sabes quién soy, solo queda una cosa por hacer: que tú te conviertas en quien estás destinado a ser.

Como siempre digo: **Haz que ocurra.**

BIBLIOGRAFÍA COMENTADA

Las fuentes de la maestría

Para convertirte en un verdadero Maestro del Teletrabajo y del autoliderazgo, no basta con leer un solo libro. El conocimiento es un edificio que se construye ladrillo a ladrillo, y yo he tenido la suerte de alimentarme de mentes brillantes que han moldeado mi forma de entender la vida y el trabajo.

Aquí tienes 20 títulos de referencia que considero esenciales. No están aquí por rellenar; están aquí porque cada uno de ellos aporta una pieza clave al rompecabezas de la excelencia profesional. Los he organizado siguiendo la nomenclatura estándar y te añado un pequeño comentario personal sobre por qué deberías devorarlos.

1. **ALLEN, D. (2001). *Organízate con eficacia (Getting Things Done)*. Barcelona: Empresa Activa.**
   - Este libro es el "padre" de la gestión moderna de tareas. Aunque a veces puede parecer complejo, su principio de vaciar la mente para liberar la creatividad es fundamental para cualquier teletrabajador.

2. **AURELIO, M. (2012).** *Meditaciones.* **Madrid: Alianza Editorial.**

   o Si solo pudieras leer un libro en tu vida sobre fortaleza mental, que sea este. El diario personal de un emperador romano que te enseña a mantener la calma en medio del caos. Imprescindible.

3. **CSIKSZENTMIHALYI, M. (1997).** *Fluir (Flow): Una psicología de la felicidad.* **Barcelona: Kairós.**

   o Aquí entenderás por qué te sientes tan bien cuando pierdes la noción del tiempo trabajando. Te enseña a buscar ese equilibrio entre el reto y la habilidad que produce la máxima productividad.

4. **CLEAR, J. (2019).** *Hábitos atómicos.* **Barcelona: Paidós.**

   o La mejor guía práctica para construir rutinas y eliminar vicios. En el teletrabajo, tus hábitos son tu destino, y este libro te enseña a cambiarlos un 1% cada día.

5. **COVEY, S. R. (1989).** *Los 7 hábitos de la gente altamente efectiva.* **Barcelona: Paidós.**

   o Un clásico que no pasa de moda. Especialmente valioso el concepto de "afilar la sierra" y la matriz de gestión del tiempo que hemos tratado en el libro.

6. **DOXFORD, S. Y OTROS** (2018). *Estoicismo cotidiano.* **Madrid: Edaf.**

   o Una excelente introducción para aplicar la sabiduría de Séneca, Epicteto y Marco Aurelio a los problemas del siglo XXI. Ideal para leer una página cada mañana.

7. **DWECK, C. S.** (2016). *Mindset: La actitud del éxito.* **Barcelona: Sirio.**

   o Diferencia de forma magistral entre la mentalidad fija y la de crecimiento. Vital para entender por qué algunos se hunden ante el error y otros aprenden de él.

8. **EPICTETO** (2015). *Enquiridión (Manual de vida).* **Madrid: Errata Naturae.**

   o Breve, directo y brutalmente honesto. Te enseña la dicotomía del control: qué depende de ti y qué no. Es el manual de supervivencia definitivo para el profesional remoto.

9. **FERRISS, T.** (2007). *La semana laboral de 4 horas.* **Madrid: RBA Libros.**

   o Aunque el título es marketing puro, los conceptos de externalización, la Ley de Pareto y la eliminación de lo superfluo son oro puro para ganar libertad.

10. **FRANKL, V. E. (1946).** *El hombre en busca de sentido.* **Barcelona: Herder.**

   o Aunque trata sobre los campos de concentración, su mensaje sobre la libertad última del ser humano para elegir su actitud ante cualquier circunstancia es la base de la resiliencia.

11. **GOLEMAN, D. (1995).** *Inteligencia emocional.* **Barcelona: Kairós.**

   o El libro que cambió nuestra forma de entender el éxito. Fundamental para liderar equipos a distancia y gestionar la soledad sin perder el equilibrio.

12. **KAHNEMAN, D. (2012).** *Pensar rápido, pensar despacio.* **Barcelona: Debate.**

   o Un viaje por los sesgos cognitivos. Te ayudará a entender por qué tu cerebro te engaña y cómo tomar mejores decisiones profesionales evitando las trampas mentales.

13. **NEWPORT, C. (2017).** *Focus (Deep Work): Las reglas para enfocarse en un mundo distraído.* **Barcelona: Paidós.**

   o La biblia del trabajo profundo. En un entorno de teletrabajo lleno de distracciones, este libro es tu búnker de concentración.

14. **PARETO, V. (1896).** *Curso de economía política.* **(Ediciones varias).**

   o   Aunque es un texto técnico, el origen de la regla del 80/20 es esencial para entender cómo optimizar recursos y resultados en cualquier negocio.

15. **PINK, D. (2010).** *La sorprendente verdad sobre qué nos motiva (Drive).* **Barcelona: Gestión 2000.**

   o   Explica por qué los incentivos tradicionales no funcionan en el trabajo creativo y cómo la autonomía, la maestría y el propósito son los verdaderos motores.

16. **SÉNECA, L. A. (2013).** *Sobre la brevedad de la vida.* **Madrid: Alianza Editorial.**

   o   Te hará sentir incómodo al darte cuenta de cuánto tiempo pierdes. Es un bofetón de realidad que te obliga a valorar tu tiempo como el recurso más escaso.

17. **SINEK, S. (2009).** *La clave es el porqué (Start with Why).* **Barcelona: Gestión 2000.**

   o   Ideal para encontrar el propósito detrás de tu carrera profesional. Sin un "porqué" potente, el teletrabajo se convierte en una tarea mecánica y vacía.

18. **TALEB, N. N. (2013).** *Antifrágil: Las cosas que se benefician del desorden.* **Barcelona: Paidós.**

   o   Concepto revolucionario para entender cómo prosperar en entornos inciertos. El teletrabajador del futuro debe ser antifrágil o no será.

19. **VOS KAMP, A. (2010).** *El poder del ahora.* **Barcelona: Gaia Ediciones.**

   o Aunque tiene un tono más espiritual, su utilidad para reducir la ansiedad por el futuro y la rumiación sobre el pasado es inmensa para el bienestar mental en casa.

20. **WHITMORE, J. (2003).** *Coaching: El método para mejorar el rendimiento de las personas.* **Barcelona: Paidós.**

   o La base del coaching profesional. Te enseña el modelo GROW, que puedes aplicarte a ti mismo para alcanzar tus metas de forma estructurada.

Con esto cerramos el círculo. Tienes el mapa, tienes las herramientas, tienes la brújula y ahora tienes las fuentes de las que beber. No permitas que este libro sea solo una lectura más. Conviértelo en acción. Conviértete en el Maestro que ya eres, pero que quizá aún no te habías atrevido a ser.

Nos vemos en el camino de la excelencia. **Haz que ocurra.**

www.ingramcontent.com/pod-product-compliance
Lightning Source LLC
Chambersburg PA
CBHW050918260726
48660CB00001B/271